第十一届中国行政体制改革论坛文集

新时代新征程行政体制改革理论与实践

中国行政体制改革研究会　编

北京
国家行政学院出版社
NATIONAL ACADEMY OF GOVERNANCE PRESS

图书在版编目（CIP）数据

新时代新征程行政体制改革理论与实践 / 中国行政体制改革研究会编 . —北京 ：国家行政学院出版社，2023. 12

ISBN 978-7-5150-0731-1

Ⅰ. ①新… Ⅱ. ①中… Ⅲ. ①行政管理-政治体制改革-中国-文集 Ⅳ. ①D63-53

中国国家版本馆 CIP 数据核字（2023）第 229041 号

书　　名	新时代新征程行政体制改革理论与实践 XINSHIDAI XINZHENGCHENG XINGZHENG TIZHI GAIGE LILUN YU SHIJIAN
作　　者	中国行政体制改革研究会　编
责任编辑	刘　锦
责任校对	许海利
责任印制	吴　霞
出版发行	国家行政学院出版社 （北京市海淀区长春桥路 6 号　100089）
综 合 办	（010）68928887
发 行 部	（010）68928866
经　　销	新华书店
印　　刷	北京九州迅驰传媒文化有限公司
版　　次	2023 年 12 月北京第 1 版
印　　次	2023 年 12 月北京第 1 次印刷
开　　本	170 毫米×240 毫米　16 开
印　　张	14. 25
字　　数	211 千字
定　　价	58. 00 元

CONTENTS 目 录

主旨演讲

征集论文

主旨演讲

通过“放管服”改革优化营商环境是构建社会主义市场经济体制的内在要求

马建堂*

党中央高度重视通过“放管服”改革优化营商环境工作。习近平总书记指出，营商环境是企业生存发展的土壤，法治是最好的营商环境，要加快转变政府职能，培育市场化法治化国际化一流营商环境。十年来，在以习近平同志为核心的党中央坚强领导下，优化营商环境取得新进展，“放管服”改革取得新突破，构建社会主义市场经济体制取得新成效。

一、坚持深化改革开放基本国策、不断完善社会主义市场经济体制是通过“放管服”改革优化营商环境的根本目的

通过“放管服”改革不断优化营商环境是建立社会主义市场经济体制的关键之举，核心要义是重塑政府与市场的关系，社会主义市场经济体制改革本质上是改革政府与市场的关系。改革开放以来，党中央坚持推进市场取向改革，持续深化对市场配置资源作用的认识，还权于市场、还权于企业，政府与市场的关系得以不断理顺。实践发展永无止境，改革开放永无止境。面对政府职能转变还不到位，对微观事务干预较多，企业和群众创新创业门槛多、手续繁、成本高等问题，我国把转变政府职能作为重塑政府与市场关系的重要抓手，坚持职权法定，全面

* 马建堂，十四届全国政协常委、经济委员会副主任，国务院发展研究中心原党组书记。

推行清单管理制度，推动各级政府建立了权力清单、责任清单，进一步划清政府与市场的边界，实现了对政府权力的有效规范和制约，从源头上防止政府“有形之手”乱伸。围绕高标准市场建设要求，各地各部门全面完善产权制度，全面建立并不断缩减市场准入负面清单，全面强化竞争政策的基础地位，加快建设统一开放、竞争有序的市场体系，筑牢社会主义市场经济有效运行的制度基础，让市场配置资源的决定性作用充分发挥。

通过“放管服”改革不断优化营商环境，是一场刀刃向内的政府自身革命，是实现政府治理能力现代化的必然之举。政府部门从以微观管理、直接管理为主转为以宏观管理、监督管理为主，就是要不断削手中的权、去部门的利，把更多权力放给市场、企业和基层，壮士断腕、舍小利而成大义。“放”并不是“放任不管”，而是要“放管结合”，只有管得住，才能放得开；只有管得好，才能放出活。十年来，各地各部门大幅压减行政审批事项，不断将行政资源从事前审批中解放出来，转向全周期、全链条监管，真正实现了从“严进宽管”到“宽进严管”的重大转变。各地各部门改革监管体系，创新实施分类分级监管、“双随机、一公开”、“互联网＋监管”、信用监管等新型监管机制，增强了监管的精准性、公平性。着力提升监管效能，把该管的切实管住管好，在市场主体增长近3倍的情形下，依然做到了放而不乱、管而有序。各地各部门大力优化政府服务，推动政府服务意识转变，创新服务方式，提高办事效率，加快服务型政府、数字政府建设，政府的服务能力和水平得到全面提升。事实表明，“放管结合”“优化服务”就是提高政府行政效能、实现政府治理能力现代化的过程，是有效解决政府职能缺位、错位、越位问题的崭新实践。

二、市场主体培育壮大、企业创新创造活力不断激发是通过推进“放管服”改革优化营商环境的最大成效

市场主体是经济发展的力量载体，是创新创造的源头活水。市场主体是经济活动的基本单元，是商品和服务的主要供需方，也是经济运行

的重要微观基础。有了众多市场主体，再辅以相应的制度环境，市场配置资源的功能才能有效发挥，市场经济的力量才能得以迸发。市场主体是经济的根、就业的魂，能够为人民群众提供源源不断的就业岗位，进而保障14亿多人的安居乐业。市场主体是社会财富的直接创造者，是创新创业的主力军。蕴藏在市场主体中的生产、管理、服务、创新和技术能力，是推动经济持续高质量发展和促进共同富裕的重要战略资源。总之，发展社会主义市场经济，就是要去除一切不利于市场主体“生”和“活”的障碍，调动一切有利于市场主体“增”和“长”的积极因素，把各类市场主体的活力和创造力充分激发出来。

不断激发市场主体活力的核心要义在于简政放权，行政审批事项多、审批效率低曾经是一个突出问题，严重束缚了市场活力，必须大行“简约”之道，还权于市场、还权于企业。政府的“简”就是市场的“活”，政府的“放”就是企业的“创”。十年来，我国把简政放权作为突破口，力除烦苛之弊，大兴便民之举。持续深化行政审批制度改革，大幅压减和调整行政审批事项，其中国务院部门行政许可事项已削减50%多，非行政审批事项退出历史舞台。兴办企业方面，大力推进商事制度改革，从“先证后照”到“先照后证”，再到“证照分离”“照后减证”“多证合一”，企业开办时间压减至4个工作日以内，使企业能够早设立早经营。投资审批方面，积极开展投资项目审批制度改革、工程建设项目审批制度改革，统一审批流程、统一信息平台、统一监管方式，创新实施备案制、承诺制、容缺制等方法，减环节、减材料、减时限，基本消除了“万里审批图”。生产经营方面，大幅压减企业资质类别和等级，不断简化企业生产经营条件，实施工业产品准入制度改革，压减工业产品生产许可证近90%。这些重大改革举措，松了绑、解了绊，为市场主体投资兴业提供了宽松便捷的环境。

三、通过“放管服”改革推动了市场化法治化国际化营商环境的打造

好的营商环境就是生产力、竞争力。营商环境是市场主体面临的体

制性、制度性安排，其优劣直接影响到各类要素的聚散、主体数量的增减、发展动力的强弱。激发市场活力和社会创造力，关键就是要优化营商环境，“栽下梧桐树，引得凤凰来”。“放管服”改革是优化营商环境的关键之举，通过简政放权，打破条条框框，搞活市场，同时强化“放管结合”“优化服务”，促进市场公平竞争、高效运行。十年来的实践再三表明，哪个地方“放管服”改革推进得越深入，营商环境就越好，市场主体就长得越快、越有生机，地方经济发展和民生改善也就越快。通过推进“放管服”改革，不断优化营商环境，已经成为各地打造制度高地、顶住经济下行压力、推动经济高质量发展的共同行动。

着力打造市场化营商环境。市场化就是要遵循社会主义市场经济规律，破除不合理的体制机制障碍，让一切创造财富的源泉涌流出来。在放宽市场准入上，全面实施负面清单制度，破除各种隐性壁垒，准入事项逐年减少，实现清单之外“非禁即入”。在培育市场体系上，不断夯实基础性制度，推进土地、劳动力、资本、技术、数据等要素市场化改革，加快建设全国统一大市场，使生产、分配、流通、消费循环更加畅通。在规范市场秩序上，持续完善现代化市场监管机制，建立公平竞争审查机制，加强和改进反垄断与反不正当竞争执法，打破地方保护和市场分割，强化全链条全周期监管，坚决守住质量和安全底线，维护公平竞争市场秩序。

着力打造法治化营商环境。市场经济是法治经济，一个稳定透明公平的制度环境，可以增强市场主体预期，激发投资兴业积极性。在法规体系建设上，通过总结各地区各部门行之有效的政策和经验，国务院出台了《优化营商环境条例》《中华人民共和国市场主体登记管理条例》《保障中小企业款项支付条例》《企业投资项目核准和备案管理条例》等法规，各地各部门立改废释工作及时跟进，累计修订废止不符合规定的法规、规章、规范性文件 1000 多份，用法治化的办法把改革成果固定下来，从制度层面提供更加有力的保障。在保护市场主体权益上，通过完善产权保护制度，依法纠正一批涉及产权和企业家的冤错案件，建立知识产权侵权惩罚性赔偿制度，持续清理拖欠民营企业中小企业账款，坚决纠正“新官不理旧账”等现象，减少企业的烦心事。在规范执法上，各地各部门创新执法机制和手段，对轻微违法慎重实施行政强制，规范执法自由裁量权，督查整治乱收费乱罚款乱摊派等突出问题，让市场主体一心一意谋发展。

着力打造国际化营商环境。全球营商环境是彼此竞争的，哪里营商环境好，在国际经贸合作中就更具优势、更有吸引力。我国经济已深度融入世界，必须不断拓展开放领域、提升开放水平，打造国际化营商环境。在国际规则对接上，签署实施了《区域全面经济伙伴关系协定》（RCEP），在贸易投资自由化便利化、知识产权保护、电子商务、政府采购等方面实行更高标准规则；积极考虑加入《全面与进步跨太平洋伙伴关系协定》（CPTPP）和《数字经济伙伴关系协定》（DEPA），制度型开放迈出更大步伐。在外资管理和服务上，推动出台了外商投资法及配套法规，完善外商投资准入前国民待遇加负面清单管理制度，保障外资企业依法平等进入开放领域，让我国长期成为具有强大吸引力的投资目的地。在优化外贸环境上，突出发挥自贸区、自贸港的创新示范作用，将制度创新复制推广到更大范围，深化国际贸易“单一窗口”建设，不断推动降低外贸企业营商成本，塑造国际化发展新优势。

党的二十大强调，要深化简政放权、放管结合、优化服务改革；完善产权保护、市场准入、公平竞争、社会信用等市场经济基础制度，优化营商环境。我们要认真贯彻党中央的指示和部署，以更加坚韧不拔的勇气、认真细致的作风，在过去十年工作的基础上，不断开创通过“放管服”改革持续优化营商环境的新局面。

深化行政体制改革
为推进和拓展中国式现代化增强保障和动力

杨克勤*

党的二十大指出，以中国式现代化全面推进中华民族伟大复兴，并围绕推进和拓展中国式现代化作出全面战略部署，对新征程推进行政体制改革也提出了明确要求。本届论坛的主题是“深入学习贯彻党的二十大精神，推进新时代新征程行政体制改革”，目的就是要以党的二十大精神为指导，广泛研讨新时代新征程继续深化行政体制改革的重点、方法和路径，为推进和拓展中国式现代化贡献力量。结合学习党的二十大精神的体会，我谈三点粗浅的看法，与大家交流。

一、党的十八大以来行政体制改革取得的重大成就和宝贵经验

一是政府职能转变取得突破性进展。党的十八大以来，党中央科学定位政府职责，明确提出国家行政管理承担着按照党和国家决策部署推动经济社会发展、管理社会事务、服务人民群众的重大职责；适应社会主义市场经济的要求，明晰政府和市场、政府和社会关系，强调使市场在资源配置中起决定性作用，更好发挥政府作用，对政府和市场关系的认识和理论实现新突破；强化和完善经济调节、市场监管、社会管理、公共服务、生态环境保护等职能，使政府职责体系更加健全、更加清

* 杨克勤，中国行政体制改革研究会会长、原国家行政学院副院长。

晰；持续推进“放管服”改革，国务院取消和下放行政许可事项1000多项，中央政府层面核准投资项目压减90%以上，同时转变监管理念、改革监管体制、创新监管方式，推行网上政务服务，推进政务服务标准化、规范化、便利化，显著提升行政效率效能。政府职能转变取得一系列突破性进展，为我国营商环境大幅改善、经济在错综复杂环境条件下保持较快发展提供了保障。

二是政府组织结构实现系统性优化。党中央按照统筹推进党和国家机构改革的总体部署，不断推进政府机构改革，优化政府组织结构。针对机构设置和职责划分不尽科学、职责缺位、效能不高等问题，党中央于2013年、2018年和2023年进行了3轮机构改革。随着改革方案的落实到位，机构设置更加科学、职能配置更加优化、体制机制更加完善、运行管理更加高效。

三是政府管理方式更加科学高效。创新宏观调控方式，统筹运用财政货币等政策，加强区间调控、定向调控、相机调控、精准调控；推进由微观管理向宏观管理、由直接管理向间接管理、由分部门管理向跨部门协同管理、由行政手段管理为主向综合运用经济和法律等多种手段管理的转变。同时运用信息技术改善政务服务，90%以上的政务服务实现网上可办。联合国有关机构发布的报告显示，我国数字政府和电子政务发展指数十年来一直上升，从2012年的0.5359上升到2022年的0.8119。

四是依法行政水平明显提高。坚持以习近平法治思想为指导，党中央大力加强法治政府建设，全面推进依法行政。2015年和2021年，中共中央、国务院先后印发了《法治政府建设实施纲要（2015—2020年）》《法治政府建设实施纲要（2021—2025年）》。国家先后修订了《中华人民共和国公务员法》《重大行政决策程序暂行条例》《公职人员政务处分法》等一批法律法规。同时，深入推进行政执法体制改革，着力规范行政执法行为。通过这些改革举措，规范行政权力运行的制度体系得到健全，各级政府机关和人员依法行政的意识和能力显著增强。

五是政风和廉政建设成效显著。一方面，以建设人民满意的服务型政府为目标，大力转变作风，整治懒政庸政，坚决反对“四风”；另一方面，贯彻落实中央八项规定精神，推进节约型机关建设，大幅降低行政成本，深入开展反腐败斗争，廉洁政府建设成效得到社会公认，政府公信力进一步增强。全球最大独立公关咨询公司爱德曼公司发布的 2022 年度“爱德曼信任度晴雨表”报告显示，中国民众对本国政府的信任度达到了创纪录的 91%，列全球第 1 位。

回顾总结党的十八大以来的行政体制改革取得的成就，主要有以下几点宝贵经验：一是坚持以习近平新时代中国特色社会主义思想为指导；二是全面加强党对政府工作和行政体制改革的领导；三是坚持以系统观念统筹协调推进行政体制改革与其他领域改革；四是坚持顶层设计与地方创新探索相结合；五是坚持立足中国国情和实际与借鉴吸收国际有益经验相结合。下一步推进新时代新征程行政体制改革，一定要运用好党的十八大以来积累的这些宝贵经验。

二、新时代新征程推进行政体制改革的总体思路

一是在改革目标方面，按照党的十八届三中全会确定的全面深化改革的总目标，贯彻落实党的十九届四中全会关于坚持和完善中国特色社会主义行政体制的重大部署，适应新时代新征程推进和拓展中国式现代化要求，推进行政体制改革的目标可确定为：完善和发展中国特色社会主义行政体制，健全职责明确、结构优化、依法行政的政府治理体系，全面提升政府治理效能，全面提升人民满意度，全面提升政府治理现代化水平。

二是在改革指导思想方面，把习近平新时代中国特色社会主义思想作为推进行政体制改革的根本遵循，全面贯彻落实于改革全过程，充分运用习近平新时代中国特色社会主义思想的世界观和方法论谋划和实施改革。

三是在改革目的方面，要服务于“一强四高”。“一强”是行政体制改革必须以加强党中央集中统一领导为统领，必须有利于加强和完善党对政府系统和政府工作的领导。“四高”是行政体制改革必须服务于推

动高质量发展这一全面建设社会主义现代化国家的首要任务；必须服务于满足人民群众对高品质生活的期待；必须服务于建设高效能政府；必须服务于构建高水平社会主义市场经济体制。

四是在改革原则方面，第一，坚持党的领导，在以习近平同志为核心的党中央领导下，谋划和实施行政体制改革；第二，坚持以习近平新时代中国特色社会主义思想这一马克思主义中国化时代化最新成果为指导；第三，坚持目标导向与问题导向相结合，既要以坚持和完善中国特色社会主义制度、推进国家治理体系和治理能力现代化这一总目标为导向，谋划和实施行政体制改革，又要针对现行体制机制存在的突出问题推进改革；第四，坚持统筹推进行政体制改革与其他领域的改革，将行政体制改革作为全面深化改革的重要组成部分，与其他领域的改革统筹谋划、统一部署、协调推进；第五，坚持顶层设计与基层创造相结合，一方面，由中央改革决策部门在深入研究基础上制定总体方案、推进改革落实；另一方面，尊重基层首创精神，及时总结基层创新探索经验，加以完善后在更大范围推广；第六，坚持依法推进改革，贯彻落实习近平总书记提出的凡属重大改革都要于法有据的要求，运用法治思维和法治方式，确定改革内容，部署改革程序，确保在法治轨道上推进行政体制改革。

三、新时代新征程推进行政体制改革的主要任务

一是继续转变政府职能，优化政府职责体系。要围绕优化营商环境，进一步深化简政放权、创新监管、优化服务，把不该管的坚决放给市场、放给社会，把该管的管到位、管出效率和公平，提高服务的精准性、便利性、规范性。要以确保实现经济发展目标和安全性为目的，完善宏观调控，健全调控机制和政策。要把握好维护稳定和谐的社会秩序和激发各主体依法参与的社会活力的关系，健全社会管理体制机制，完善城乡基层治理体制机制。要以保障和改善民生为重点，进一步强化公共服务职能，继续提高对公共服务的财政投入，增强公共服务供给能力。

二是落实并继续深化机构改革，完善政府组织结构。适应中国式现代化不断向前推进、国家治理体系和治理能力现代化不断向前推进的要求，从有利于加强党的全面集中统一领导、有利于实现新时代新征程发展目标出发，按照优化协同高效的原则，继续深化政府机构改革、调整优化政府机构设置和职能配置。

三是加快法治政府建设，扎实推进依法行政。坚持以习近平法治思想为指导，充分发挥法治对转变政府职能的引导和规范作用。要积极推进机构、职能、权限、程序、责任法定化，依法全面规范行政权力运行。

四是健全行政运行机制，提高行政效率和公信力。进一步健全科学、民主、依法决策机制，全面落实重大决策程序制度，切实提高决策质量和效率。完善行政权力制约与监督体系，将行政权力的制约和监督纳入党和国家监督体系全局统筹谋划，突出党内监督主导地位。按照党中央关于自我革命的部署和要求，进一步强化廉政建设和政风建设，完善反腐倡廉的长效机制，激励担当作为，控制行政成本，防范和惩处腐败。

五是加快推进数字政府建设，以数字赋能提升政府治理现代化水平。大力推进互联网、大数据、人工智能等信息技术在政府系统的应用，以数字技术重塑政府组织形态、重构政府职责体系、创新行政管理和服务方式手段、再造行政管理和服务业务流程。构建信息共享、系统互联机制，破除信息壁垒，进一步完善全国一体化政务信息平台，增强跨层级、跨地域、跨系统、跨部门、跨业务协同。

把握营商环境优化的正确方向 深化行政体制改革

范恒山*

防疫政策优化调整之后，新一轮的“拼经济”在各地迅速展开，2023 年不少地方召开的“第一会”就是力推经济复苏、促进高质量发展的动员大会。在这些会议中，几乎无一例外地都把优化营商环境作为重要的内容加以阐述部署，不少地方还专门召开了营商环境建设大会。“一把手”们在会上讲了不少“如果谁怎么样，咱就怎么样”的硬话、狠话。的确，营商环境与资源的集聚程度、社会的创新强度和地区的发展活力等紧密相连，对经济发展而言，能够起到立竿见影、吹糠现米的效果，好的营商环境意味着更高质量、更快速度、更优结构、更好效益、更可持续的发展。

事实上，这些年我国从上到下一直在大力推进营商环境建设，各级党委、政府都把优化营商环境摆在十分重要的位置，而优化营商环境也成为地区间比拼的关键领域。

应当看到，这些年的营商环境建设是通过简政放权、放管结合、优化服务即“放管服”改革推进的。一些具体事项的办理状况成为这一改革不断向前深化的牵引。这其中，世界银行一直开展的年度营商环境国别评价报告起到了一定程度的促进作用。根据世界银行报告，中国的营商环境状况排名从 2013 年的第 96 位持续上升到 2018 年的第 31 位，超过了法国等西方国家，所取得的进步是非常明显的。这几年世界银行正

* 范恒山，国家发展和改革委员会原副秘书长。

酝酿对以往的评价办法作一些调整，据说将推出宜商环境报告，没有能进一步公布新的排名。但是毫无疑问，中国营商环境建设的步伐仍然十分坚劲，近几年的营商环境状况也无疑比以前更加优良。

对于营商环境建设来说，“放管服”改革重点在于减少审批事项、缩短审批时程、优化审批方式。针对过去审批事项过多、程序过繁、时间过长、成本过高等问题，各地方、各部门狠下功夫加以改进，效果显著。2023年国务院的《政府工作报告》对此作了简洁而有分量的描述。从中可以看出，有些方面的进步可谓突飞猛进。报告强调，目前已全面实施市场准入负面清单制度，至2022年，清单管理措施比制度建立之初压减了64％；行政许可事项全面纳入清单管理，取消和下放行政许可事项达1000多项；中央政府层面核准投资项目压减90％以上，工业产品生产许可证从60类减少到10类。难能可贵的是，许多棘手的长期问题得以化解。例如，原来工程建设项目全流程审批时间往往需要一年以上，有的审批时间长达七八年，现在3个月之内就可以办好。“证照分离”改革使企业开办时间从1个月以上压缩到目前平均4个工作日以内，而中小微企业全面实现了简易注册制度；90％以上的政务服务实现了网上可办。与此同时，制度建设也积极向前推进，制定了优化营商环境、市场主体登记管理、促进工商户发展、保障中小企业款项支付等条例。

总结过去的实践，“放管服”改革从本质上说是围绕着两个词展开的：一个是“提效”，主要依靠体制改革、管理创新、科技赋能等进行；另一个是“让利”，主要通过施以差别化的土地、财税和金融政策等体现。在一个时期内，这样做是必要的，也是具有一定程度的合理性的。但如果固守此，则是有局限性的，也是不可持续的。我们可以从以下两个方面作一些深入的分析。

第一，从营商环境本身看。在这方面，社会已经形成了两个关键性的认知：其一，营商环境建设没有尽头，永远在路上；其二，要紧扣市场化、法治化和国际化的方向，持续推进营商环境建设。依据这样的理念来审视以往营商环境建设的实践，就能清楚地窥见其中端倪。先说“让利”。随着社会主义市场经济体制的不断完善，宏观管理日益科学规范，以及与国际通行做法的逐渐接轨对标，以减税免租等为主体形式的让利做法不宜持续也不可持续，事实上这种状况在实践中已得到明显改变，通过减免手段来吸引投资者的做法已非常稀少。再说“提效”。“简政放权”仍有空间，或者说在压缩行政审批权力方面仍然大有可为。但这方面改革终究是有限度的。审批清单数目再减少，必要的审批还是要保留的；审批方式再简化，必要的手续还是要办理的；审批时间再缩短，也不会缩减为零。所以沿着这个路径走下去，最终是会有尽头的，或者说，这种性质的改革前途是有限的。

所以，近些年我曾在多个场合谈到过，不太赞成地方之间在营商环境建设上倾心于“最”字做文章、搞攀比。在一个时期很流行的情况是，地方出台的文件和规划也好、领导们所作的报告也好，都热衷于用“最”来概括营商环境建设的目标方向或具体操作，如“清单最短”“程序最简”“效率最高”“时间最少”等。想把事情做得更好的动机值得赞赏，不断努力奋进的追求应当尊重，能做得更好的事当然要竭尽全力，但凡事要讲合理性、讲科学性。为什么我不太赞成？是因为在“最”字上攀比一是不科学，二是最终也做不到。说“不科学”是因为，同谁比来体现“最”？如果跟自己比，又怎么理解营商环境建设永远在路上，只有更好，没有最好？如果跟别人比，你怎么能把全国乃至全世界的各方面具体情况都了如指掌，何况人家也没有停止前进的步伐？说“做不到”是因为，很多事情的推进是有极限的，不会为“最”留下无限的空间。执意如此，就会走向荒谬、陷入被动，最后可能是逞口舌之快、落入形式主义的陷阱。如浙江为了改进政府服务效率、方便市场主体，率先提出“最多跑一次”，这无疑是值得肯定和赞赏的；有的地方为了比浙江做得更好就提出“零跑动”，也就是“一次都不要跑”；再比下去，那就只能是“不要你们跑，我们帮你们跑”。如果这么下去真能做得到吗？那就只能是说说而已了，说了却做不到，还会直接影响到政府的形象和社会的信心。

第二，从市场主体方面看。市场主体最需要的是什么？它们当然需要“提效”、需要“让利”，所以减少审批事项、简化审批方式、缩短审批时程都是必要的，但这不是最根本的。对市场主体来说，最根本的需求和期盼是制度的公正、政策的稳定和管理的规范。就提效而言，也需要进一步向深层拓展。每个市场主体对其的需求不会止于面向一般的简政放权，更加需要的是发展道路上的一对一的排忧解难，这或可称作雪中送炭或者定制化、个性化服务。如果这样做，它将比一般性的简政放权更能提振信心和增强观念。

逻辑与实践分析都表明，良好的营商环境应该是具有能够让一切人群的能动性、创造力全面展现，让一切要素活力竞相迸发，让一切创造社会财富的源泉充分涌流的体制与政策条件。而这不仅是市场主体的需要，也是整个社会的需要。

既然如此，在按规律要求和实际需要继续压缩行政权力运用空间的同时，行政管理体制应该紧扣这种要求来深化改革，进一步改进方式、改进内容，实现“有为而治”。我们实行的是社会主义制度，发展的是社会主义市场经济，必须发挥市场和政府两个轮子的驱动作用。我们的政府必须有为而治，不能按照有些人的说法或模仿有些国家和地区的做法搞无为而治。但比较而言，无为而治虽然难得，但相对容易；有为而治常常不被理解，但社会需要，且做好很难，它要求政府既要积极作为又要科学作为。

怎样做到有为而治？准确地说，围绕营商环境优化的正确方向推进行政管理体制改革如何做到有为而治？依我之见，应该在以下四个方面努力。

第一，健全行政责任机制，化解“以禁代管”的消极作为和“大而化之”的粗放行为，推动行政管理走向细、实、特、快。在现实生活中，一些地方和部门在管理上简单粗放，习惯用不许或禁止来代替深入细致的治理和温暖贴心的服务，这样做很容易扼杀市场主体和创新要素的积极性、能动性；与此同时，一些城市管理工作浮在表面，万无一失的工作举措和高质量发展的重要任务往往停留在文件和规划上，说起来数字城市、智慧城市、绿色城市、海绵城市一应俱全，管理规章、管理手段无一欠缺，但一遇到重大灾害就不堪一击、手足无措，常常付出沉重的代价。必须解决言行不一、形实分离的问题。要清晰划分部门与岗位工作职责，厘清权责边界，细化工作要求，优化操作流程，同时健全监管机制，强化惩治手段，促进行政管理和服务注重因情施策、注重灵活多变、注重深入细致、注重持之以恒。

第二，着力完善基础制度，化解市场主体的“生存成长”忧虑，为经济社会持续发展筑牢稳固动源。推动法治建设，牢固确立各种适宜的经济成分在社会主义市场经济中的合法地位；健全产权保护制度，平等保护各种所有制的财产权利；维护公平经营权益，保障各类市场主体依法平等使用资金、技术、数据、人力资源、土地乃至其他自然资源等各类生产要素和公共服务的权利，以及依法平等适用国家支持发展政策的权利。

第三，推动建立公正市场，化解各种形式的市场矛盾，保障所有市场主体依法经营、公平竞争。维护各种所有制经济合法权益，平等实施市场准入；破除各种形式的地方保护和市场壁垒，促进资源要素的自由流动和自主配置，废止一切妨碍统一市场和公平竞争的政策规定与行政手段；健全市场秩序，严厉惩治各种侵权与失信行为。

第四，建立稳定透明的政策体系，化解“时过境迁”“人走茶凉”的政策环境幻变之困，促进“放管服”从“给方便”延伸到“壮信心”。在全面公开对市场主体服务的所有政策指南的前提下，使各种政策规定和要求可把握、可衡量、可预期、可信赖，切实解决因换届或换领导等原因造成的政策不稳定和“新官不理旧账”等问题。政府要带头守信践诺，因政府失信导致市场主体合法权益受损的应依法赔偿。通过这些举措，强化市场主体的信心，从而持续拓展投资经营活动，为社会发展作出贡献。

中国基层治理三种基本力量

——突破国家-社会关系二元分析框架

宋世明*

长期以来，中西方学术界习惯运用国家-社会关系的二元分析框架来阐释中国基层治理，对中国基层治理实践的解释力明显不够。中国共产党带领广大人民夺取全国政权，建立了中华人民共和国，成为最高政治领导力量。党的十八大之后，党中央关于加强党对基层治理全面领导的系列论述，彻底突破了国家-社会关系的二元分析框架，形成了政党-国家-社会三元分析框架。2013 年 11 月，党的十八届三中全会决定指出，“创新基层党建工作，健全党的基层组织体系，充分发挥基层党组织的战斗堡垒作用”。2015 年 3 月，习近平总书记在参加十二届全国人大三次会议上海代表团审议时首次论述了区域化党建：“把加强基层党的建设、巩固党的执政基础作为贯穿社会治理和基层建设的一条红线，深入拓展区域化党建。”2017 年 10 月，党的十九大报告再次明确，“要以提升组织力为重点，突出政治功能，把企业、农村、机关、学校、科研院所、街道社区、社会组织等基层党组织建设成为宣传党的主张、贯彻党的决定、领导基层治理、团结动员群众、推动改革发展的坚强战斗堡垒”。2018 年 4 月，习近平总书记在湖北考察时指出，“基层党组织担负着领导社区治理的重要职责”。2019 年 10 月，党的十九届四中全会决定指出，要健全党组织领导的自治、法治、德治相结合的城乡基层治理体系。2021 年 4 月，《中共中央 国务院关于加强基层治理体系和治理

---

* 宋世明，中央党校（国家行政学院）公共管理教研部副主任、教授。

为基层政权办事机构。“文化大革命”期间，居民委员会改为“革命居民委员会”，成为政治运动前沿阵地。此时，村民自治完全排除在基层治理之外，几千年的乡村自治传统被隔断。

1949 年到改革开放前，我国逐步推动国家行政权对农村社会的管理。一是行政权下基层纵向到底。根据 1950 年 12 月颁布的《乡（行政村）人民政府组织通则》，行政村是乡镇之下农村基层社会的行政管理单元。1954 年 9 月通过的《中华人民共和国地方各级人民代表大会和地方各级人民委员会组织法》，使得行政权有效延伸至行政村有了明确法律依据。二是人民公社体制是党的基层组织体系、基层行政体系、农村基层治理体系的“政社合一”。依据 1958 年 8 月通过的《中共中央关于在农村建立人民公社问题的决议》，在全国农村中普遍建立人民公社。1961 年颁布的《农村人民公社工作条例（修正草案）》最终确定农村实行公社、生产大队、生产队“三级所有，队为基础”的人民公社体制。三是“政社合一”体制具有“全能主义”特征。“全能主义”所指的国家，对社会与个人事实上的控制可多可少，可强可弱，时多时少，时强时弱。[①]“全能主义”不是指国家呼风唤雨，无所不能，可以随心所欲改变生产力水平，只是强调国家对社会及个人控制程度具有强大主导权。

第四阶段（1978—2012 年），自治组织、基层行政组织、基层党组织塑造了我国此阶段的基层治理形态。一是基层群众自治制度成为一项基本政治制度。1982 年《中华人民共和国宪法》第 111 条明确：“城市和农村按居民居住地区设立的居民委员会或者村民委员会是基层群众性自治组织。……”1987 年 11 月，全国人大常委会通过了《中华人民共和国村民委员会组织法（试行）》，从此村民自治制度在全国推广有了法律保障。1998 年修订并正式实施的《中华人民共和国村民委员会组织法》，标志着中国的村民自治制度进入依法整体推进的全新阶段。

二是基层行政组织重构在一定程度上抑制了基层群众自治。1983 年 10 月，中共中央、国务院发布的《关于实行政社分开、建立乡政府的通

① 邹谠：《二十世纪中国政治》，牛津大学出版社 1994 年版，第 226 页。

知》提出“撤社建乡”，乡镇政府成为国家行政机关在农村的基础性行政机构，国家行政权收缩至乡镇一级，并最终形成了“乡政村治”的治理格局。城市中街道、街道居委会主要从事上级下沉的工作任务。1983年后重新建立的乡镇政府也不断向村民委员会交办各种行政事务。1978—2006年，农民依法获得了基层自治权的同时，也成为农村基本公共产品经费的负担者。直到2006年全面取消了农业税，减轻了农民负担，缓和了干群关系，为村民自治再度活跃提供了契机。

三是遵循“党要管党”“政要管政”“基层群众自治”思路，定位基层党组织职能。建立乡政府，同时按乡建立乡党委，并根据生产的需要和群众的意愿逐步建立经济组织。1986年9月，中共中央、国务院发出《关于加强农村基层政权建设工作的通知》，提出各地要进一步理顺农村党组织、政府、企业之间的关系。1987年10月召开的党的十三大提出，“要充分发挥群众团体和基层群众性自治组织的作用，逐步做到群众的事情由群众自己依法去办”。“党要管党”“政要管政”“基层群众自治”演变为三驾马车，党的领导作用没有充分发挥出来。20世纪80年代到党的十八大之前，基层党组织领导核心地位尚未完全确立。

第五阶段（2012年以来），加强党对基层治理全面领导的基层治理形态，推进基层治理体系和治理能力现代化。加强党对基层治理的全面领导，着力改变基层党组织软弱涣散、领导作用发挥不到位的问题，加强基层党组织领导核心作用。积极推行村（社区）党组织书记通过法定程序担任村（居）民委员会主任。村（社区）“两委”班子成员交叉任职。着力形成党建引领各类组织有序参与、积极协同的共建共治共享工作格局。着力统筹行政权下基层与基层自治，发挥乡镇（街道）在基层治理中的龙头作用，赋能基层政府治理能力建设，建立充满活力的基层群众自治制度。

碎片化是当前基层治理体系的软肋。克服碎片化的基本方略是整体治理，包括党建引领、赋权镇街、赋能基层群众自治。就党建引领而言，引领的是共建共治共享。共建，侧重多元主体；共治，重在选择科学治理方式；共享，力求安居与安定、维稳与维权、秩序与活力的统一。要引领驻城乡社区机关企业事业单位、群团组织、自治组织、社会组织、农村经济合作组织；引领党员、城乡社区普通人民群众、各类乡贤。在政治层面，要以区域党建共建联建引领；在管理层面，要以平台载体引领；在技术层面，要以综合网格管理模式引领，以全域、全科、全员、全时综合网格代替条线专业网格，实现机关力量、专职力量、居村力量、社会力量进网格。

就赋权镇街而言，设置乡镇街道大部门制；县直部门设在乡镇（街道）的机构原则上实行属地管理；继续实行派驻的，要纳入乡镇（街道）统一指挥协调。依法赋予乡镇（街道）综合管理权、统筹协调权和应急处置权。赋予乡镇（街道）行政执法权，整合现有执法力量和资源。各地“吹哨报到”是牵引，赋权镇街是单刀直入，以平台统筹整合条块下沉力量和资源是眼下通行做法。

就赋能基层群众自治而言，关键是要解决动员群众、组织群众不足，发挥群众主体作用不够的问题。

“超载”“错位”是当前基层治理能力的软肋。“超载”的形象说法是“上面千条线，下面一根针”“上面千把锤，下面一根钉”“上面千把刀，下面一颗头”，即基层小马拉大车，负重前行。“错位”是指，基层治理的应然状态是集中精力动员群众组织群众服务群众，而目前的实然状态是完成（有时不得不应付）上级交办的事项；管控约束防范群众有余，动员组织服务群众不足。“错位”加重了“超载”，直接导致“干部为上干，群众冷眼看；干部心酸，群众埋怨”的负面后果。

要摆脱“超载”“错位”，必须科学定位乡镇街道职能。乡镇要做好农村产业发展、人居环境建设及留守儿童、留守妇女、留守老人的关爱服务等工作。街道要做好市政市容管理、物业管理、流动人口服务管理、社会组织培育引导等工作。“推动街道党（工）委聚焦主责主业，集中精力抓党建、抓治理、抓服务。直辖市、副省级城市、省会城市及经济社会发展水平较高的城市，应当全面取消街道承担的招商引资、协税护税等工作任务，暂不具备条件的可先在中心城区实行，再逐步推开。”（2019 年 5 月，中共中央办公厅印发《关于加强和改进城市基层党的建设工作的意见》）“加强乡镇政府公共服务职能，加大乡镇基本公共服务投入，使乡镇成为为农服务的龙头。”（2019 年 6 月，中共中央办公厅、国务院办公厅印发《关于加强和改进乡村治理的指导意见》）

要进一步加强基层政权治理能力建设。增强乡镇（街道）行政执行能力、为民服务能力、议事协调能力、应急管理能力、平安建设能力。还要进一步鼓励基层治理创新，但基层治理的任何创新不能荒废群众路线这个法宝。智能并不能感知、协调基层治理复杂情景中的所有元素，“智能”并不能完全代替“人工”，提高基层治理数字化智能化水平并不排斥更不能代替“面对面”接触式群众工作方法。

总而言之，基层治理现代化与国家治理现代化一样，都要以人为本，提高制度吸纳力；以维护统一国家意志，提升制度整合力；以激励相容，提升制度执行力。基层自治应在提高制度吸纳力方面作出更大贡献；执政党下基层（下乡）应在提高制度整合力方面作出更大贡献；行政权下基层（下乡）应在提升制度执行力方面作出更大贡献。

数字社会视域下中国式现代化与社会治理现代化

李　韬*

从现代经济社会发展的历程来看，无论是农业现代化、工业现代化，还是城镇化，每一次新技术革命都会为现代化增添新的内涵与动力，并成为人类发展与社会文明进步的关键特征。当今世界正处在波澜壮阔的信息化、数字化进程之中，数字空间成为人们生产生活新空间、国家发展新疆域、社会治理新领域，数字化与现代化交织发展的图景日益清晰。习近平总书记强调，没有信息化就没有现代化，要加快用网络信息技术推进社会治理。信息化、数字化日益成为中国式现代化的先导力量，并深度推进公共服务和社会治理的精准、高效、普惠、均等，有力助推社会治理现代化。客观看，社会治理现代化是中国式现代化的题中应有之义，数字治理是中国社会治理现代化的战略选择。没有治理的数字化转型与变革，就没有治理的现代化；没有中国社会治理的现代化，就没有中国式现代化的全面实现。

一、数字化是中国式现代化的先导力量

党的二十大提出了中国式现代化的战略任务。当今时代，以互联网、大数据、人工智能、云计算、物联网等为代表的数字技术与应用已深度融合渗透到政治经济、社会文化、生产生活等各个方面，数字化网络化智能化成为助力中国式现代化进程的新引擎。

---

* 李韬，北京师范大学中国社会管理研究院院长、互联网发展研究院院长，教授。

数字化助力人口规模巨大现代化。人的现代化是国家现代化的根本，中国式现代化归根结底是人的现代化。数字化进一步解放和发展了生产力，重塑了社会生产关系，打破了人们头脑中原有的桎梏，促进人的思想观念、思维方式、价值尺度、行为方式和情感等方面的现代化。开放、创新、包容、共享是数字化的特质，这些精神特质有助于涵养数字时代人的创新精神、开放意识、共享观念、包容态度。数字生活方式已成为人们的“日用行常”。虚拟现实、增强现实、混合现实、元宇宙等技术正在颠覆人们传统的社交方式，虚拟现实和在线社群成为人类交往的新空间，使人类交往具有了即时性、便利性特征。数字技术对人类生产方式、发展方式、交往方式等带来的便利化、体验化和差异化，无疑有助于实现人的全面自由发展。

数字化助力全体人民共同富裕现代化。随着数字技术的快速发展与应用，以及人类社会对数字化的生活方式和生产方式的日趋依赖，数据逐渐发展为一种新的生产要素，发展成为一个国家和地区发展的战略资源，数字经济成为一种新的经济形态。大数据、云计算、人工智能等新一代数字技术普惠性、便捷性、开源性、共享性的特征，有助于促使人的衣、食、住、行等基本需要以及教育、健康、养老等公共服务将变得更加便利、普惠和共享。一些传统的服务业在互联网平台的支撑下，可以改变服务的提供方式，将优质公共服务下沉到偏远地区，提升公共服务的便利化和均等化水平。

数字化助力物质文明和精神文明现代化。在中国式现代化进程中，必须一手抓数字经济发展，一手抓数字文明建设。数字经济在优化资源配置、转变经济发展方式、调整经济结构、打造新增长点、重构世界经济版图中扮演着越来越重要的角色，已成为推动经济增长的主要引擎之一。数字化、网络化、智能化突破了人类活动的时间和空间限制，开辟了交流互动、知识共享的新空间，互联网成为文化传播和文明传承的新载体。互联网信息内容极大丰富，人们获得信息内容的渠道更多、获得信息的方式更加便利，这为更好满足广大网民的网络精神文化需求提供了重要支撑。虚拟现实、增强现实以及混合现实将提供更加丰富多彩的社会活动空间，以满足人们更高层次的精神需求。

数字化助力人与自然和谐共生现代化。在人与自然生命共同体的可持续发展中，数字经济作为一种低碳经济、环保经济、生态经济，与实体经济相得益彰。一方面，数字化赋能传统经济，驱动经济转型升级，不断创造新经济产业形态，助力实现智能制造、智能建筑等，助推产业数字化转型，有助于实现经济高质量发展。另一方面，数字经济基于下一代大数据、人工智能与生物科学、能源科学等有望建立一种新型的循环经济模式，有助于实现技术进步与生态文明、社会文明的协调发展，也必将成为中国式现代化的题中应有之义。

数字化助力走和平发展道路的现代化。习近平总书记提出，要构建网络空间命运共同体。网络空间使各国互相联系、互相依存的程度空前加深。网络空间一点接入、全球共享，具有高度的流动性和跨国界的联结性。数字化突破了时间和空间对人类活动的限制，突破了国家、地区、种族、民族、宗教、社会制度等界限，真正让世界变成了“地球村”，让国际社会越来越成为你中有我、我中有你的命运共同体。数字化包容、开放的特征有助于为全球经济贸易发展、全球优秀文化交流互鉴提供平台和技术支撑，有助于创造更多的利益契合点、合作增长点，有助于推动世界各国在网络空间中优势互补、互利共赢、共同发展。

二、社会治理现代化需要数字化的引领和支撑

习近平总书记强调，要提高社会治理社会化、法治化、智能化、专业化水平。信息是国家和社会治理的基础。数字化技术和平台正以前所未有的规模和速度应用到社会的发展与治理中，依托数字化技术和平台赋能，为百姓提供更加便利化、透明化、普惠化的数字服务，开展更加精细化的治理，深刻地改变着传统的社会治理。

数字化为更加普惠、均等、共享的社会治理目标的实现提供了重要助力。数字化技术和平台有助于有效提高社会治理效率、公共服务的普及性，促进包容性发展。数字化零边际成本、网络效应、规模效应，以及优化配置资源等优势，有助于降低公共服务成本、提高优质资源利用

效率。如基于社会健康治理中的优质资源不均等、不均衡问题，依托数字化技术和平台，通过远程会诊、远程问诊等方式，有助于增强优质医疗资源的覆盖面，助推社会健康服务更加普惠、均等、共享。

数字化为多主体“共建共治共享”协同治理提供了新载体。任何时代的治理，政府都不是“孤军奋战”的，数字时代更应如此。依托数字化服务平台，在政府的主导下，互联网平台和企业、网络社群、公民个人等不同社会治理主体作为“节点”上线，不同治理主体能够通过数字化方式统筹协调各类资源、共享各类社会服务。大数据、区块链、云系统平台等数字化手段赋能，提高了治理过程中的信息透明度，使得社会服务各个环节透明公开，并向社会各主体开放意见反馈渠道、接受监督，贴合了数字社会治理对外开放的服务理念，有助于解决不同治理主体之间的信息不对称问题，提高整体社会治理和服务效率。

数字化为社会治理过程的更加“透明开放”提供了数据基础。习近平总书记强调要建立健全大数据辅助科学决策和社会治理的机制，推进政府管理和社会治理模式创新，实现政府决策科学化、社会治理精准化、公共服务高效化。不同层级、部门之间的信息资源共享，共建共治的数据池有利于改变传统的部门条块化、分割化治理造成的“九龙治水”式治理困境及与之相随的信息孤岛问题。数字化平台的动态性能够充分挖掘数据价值，形成动态治理模式，有助于改变传统政府的静态治理和反应滞后等问题。通过系统和数据打通，数据不停“跑腿”，极大地缩减了社会服务流程，提高了治理效率。

三、以数字治理助推社会治理现代化

2022 年 4 月 21 日，习近平总书记在博鳌亚洲论坛开幕式上强调，气候变化等治理赤字尚未填补，数字治理等新课题又摆在我们面前。数字技术开辟了人类社会的全新图景，为人类文明发展创造了无限可能，但也带来风险挑战。面对风险挑战，数字治理思维相对滞后、数字治理能力不足、数字治理工具欠缺等问题突出。应顺应数字时代的“时”与“势”，及时作出正确抉择，理性应对。

从治理主体看，应树立数字思维，不断提升数字治理能力。我们的脚已经迈入数字社会，不能身体还停留在工业时代，脑袋里甚至是农业时代的思维。应合理界定政府、企业、社会组织和公民个人在数字治理中的角色，充分发挥各参与主体在治理中的作用，界定好不同主体在社会治理中的责任边界。应提高不同治理主体的数字治理素养，尤其是应提高各级党政干部的数字治理能力，如对互联网规律的把握能力、数字经济发展能力、网络舆论引导能力、网络安全保障能力、数字社会治理统筹能力等。

从治理过程看，应强化数字社会治理过程的精细化、透明化、高效化、多元化。数字社会治理包含了谁来治理、治理什么、怎么治理、治理评价等一系列重要问题，是个复杂系统过程。大数据、人工智能、区块链等数字技术和应用具有开放、透明、高效等特征，为垂直治理与水平治理相结合、分散化治理与集约化治理相结合提供了很好的数据和技术支撑。因此，应推进社会治理数字基础设施建设，营造良好数字生态，坚持安全与发展并重，规范管理与做好服务相统一，促进公共服务和社会运行数字化治理方式创新，推动社会治理流程再造和模式优化，不断以数字化助力社会治理的科学化、高效化。

从治理手段来看，应坚持技术赋能，充分发挥市场、行政、法律、技术等多样化治理手段的作用，以满足多元主体、多变客体与多维逻辑的治理需求。数字治理中面临的很多问题挑战是与新技术、新应用、新业态相伴而生的，且这些问题更具有复杂性、动态性、隐蔽性等特征，治理主体很难实现对跨域多源苗头性线索进行关联、对相应的社会治理问题进行及时感知与预警。因此，应创新治理方式和手段，更好用数字化感知社会态势、拓宽沟通渠道、助力科学决策。另外，还应做好政策、法规的延伸适用与创新，充分发挥市场化手段在治理中的重要作用，并重视文化、伦理在治理中的重要作用。

从治理评价来看，应坚持以人民为中心，把公众福祉作为社会发展与治理的根本。数字社会治理必须贯彻以人民为中心的发展思想。要以人民的需求为导向，加大社会服务的普及性，降低应用成本，为老百姓提供用得上、用得起、用得好的数字化服务，让亿万人民在共享互联网发展成果上有更多获得感。

数字社会治理是一个复杂的动态过程。我们应在实践中不断探索、在探索中不断发展、在发展中不断完善，以发展的眼光、辩证的思维看待数字社会治理实践进程中的问题与挑战，立足我国经济社会发展实际，以数字化赋能社会治理现代化，开辟出一条符合中华文明社会赓续创新的治理之道，为中国式现代化提供驱动引领和先导支撑。

数字时代的文化管理创新

祁述裕*

党的二十大报告中指出，中国式现代化是物质文明和精神文明相协调的现代化。文化管理创新是推进数字时代精神文明建设的重要抓手。

一、数字化推动文化管理变革

数字化深刻影响着文化发展的格局。随着数字技术的广泛应用，文化生产方式、消费方式、传播方式发生了前所未有的变化。主要表现在：文化信息和数据呈爆炸式增长；数字文化企业快速发展，成为文化生产的主导力量；文化新业态、新体验层出不穷，新旧业态更替加速；文化与科技、文化产业与其他行业的融合不断深入、领域不断拓展。马克思在《哲学的贫困》中讲："手推磨产生的是封建主的社会，蒸汽磨产生的是工业资本家的社会。"美国著名媒体文化研究者尼尔·波兹曼在他的著作《技术垄断》中也指出，每一项重大技术的问世都伴随着一套新制度的出现。生产方式、生产力发生巨变后，生产关系必然要作出相应的调整，以适应生产力的变化。文化领域同样如此。数字技术在改变文化生产力的同时，也迫切要求文化管理体制机制改革。

党的十八大以来，我国文化管理创新取得了很大进展。一是减少行政审批事项。例如，2012 年文化部的行政许可项目有 13 项，目前已压

* 祁述裕，中共中央党校（国家行政学院）教授、中国行政体制改革研究会行政文化委员会主任。

缩至4项，下放或取消的行政审批事项占近70%，有利于激发市场主体活力。二是深化文化市场综合执法改革。很长时间里，文化领域行政执法碎片化、部门化的问题十分突出。党的十八大以后，在中央层面建立了全国文化市场管理工作联席会议制度，健全综合执法体制机制，出台《文化市场综合行政执法管理条例》，行政执法法治化、制度化建设有了长足的进步。三是规范网络文化平台的垄断行为。随着互联网平台经济的快速发展，平台细分领域的垄断程度很高。如即时通信、游戏直播、搜索引擎、网络音乐、电商直播等市场CR4（行业前四名份额集中度指标）超过了90%，综合视频、娱乐直播等市场CR4也在80%以上。垄断程度过高不利于市场公平竞争。以在线音乐领域为例，腾讯集团旗下音乐平台自2013年起推行独家版权模式，对在线音乐市场良性竞争造成巨大伤害。受此影响，中国音乐网站从2005年的400家锐减至16家。对此，2021年7月，国家市场监督管理总局对腾讯给予50万元的行政处罚，同时责令该集团30天内解除独家音乐版权、停止高额预付金等版权费用支付方式、无正当理由不得要求唱片公司给予其优于竞争对手的条件，恢复正常市场竞争状态。四是完善网络文化市场，整治侵权盗版、流量至上、“饭圈”等网络乱象。2005—2022年，每年由国家版权局会同工业和信息化部、公安部、国家互联网信息办公室联合开展“剑网行动”，有效打击了网络侵权盗版、流量至上、“饭圈”等网络乱象。五是探索文化信用监管。2021年底，文化和旅游部颁布《文化和旅游市场信用管理规定》，构建以信用为基础的文旅市场监管机制，探索实施文旅企业信用分级分类管理，旨在降低监管成本，提高监管效率，推进法治化、规范化进程。

我国的文化管理也存在着不少亟待解决的问题。第一，解决眼前问题与保持可持续发展的协调。防止攻其一点，不及其余。如2021年为了解决教育领域中小学生学习负担过重问题，有关部门出台了“双减”政策，这对教育培训企业带来了重大冲击。此前，我国教育培训市场规模约2万亿元，对国民经济来说是一个举足轻重的产业。但因为教育领域的“双减”政策，约半年时间注销和吊销的企业就达到了32万家，数十家上市公司遭受重创。此事在整个社会产生很大震动。虽然“双减”问题得到一定缓解，但相关企业的生存和发展问题十分严峻，不利于企业的可持续发展。第二，政策收益与政策成本的平衡。比如，2018年教育部等八部门发布的《综合防控儿童青少年近视实施方案》，其中有一项是实施对网络游戏总量调控，控制新增网络游戏上网运营数量。这项政策的出发点很好，但却对网络游戏企业冲击很大，一大批小微网络游戏企业因无法领到网络游戏版号而停产或注销。政策发布后，人们发现，青少年近视问题并未得到明显解决，而该项政策对网络游戏企业的冲击则十分严重，政策收益与政策成本存在着明显的不平衡。第三，提高监管效能，实现目标与效率的统一。根据笔者疫情前对北京市朝阳区国家文化产业创新实验区的一项调查，近20%的企业认为，目前政府对网络文化内容的监管目标和监管效能是吻合的；近55%的企业认为达到了监管目标，但监管效率有待提升；近20%的企业认为达到了监管目标，但是监管成本很高；还有超过5%的企业认为，既未达到监管目标，监管效率也很低。这说明企业对网络文化内容监管满意度还不高，提高监管效能、实现目标与效率的统一还有很大差距。第四，解决政府越位与缺位的问题。在发挥市场配置资源的决定性作用和更好发挥政府作用方面还有很长的路要走。

二、秉持适应性治理理念，深化文化管理创新

近些年，很多国家都非常重视适应性治理。适应性治理是指为适应复杂不确定性的治理情境，行政管理部门通过对治理事务进行快速识别响应、内置规则调适、精准情境匹配，最终选择合适的方案来采取适应性行动。适应性治理重视制度安排的灵活性，重视根据治理对象、治理条件的变化，做到具体问题具体分析，以寻求最佳治理效果。同时敏捷治理理念的融入，也更强调文化管理部门的响应速度和便捷流程，甚至力求做到预警和预测。

包容审慎是适应性治理的重要理念。2022年国务院发布《“十四五”

数字经济发展规划》，提出要探索建立与数字经济持续健康发展相适应的治理方式，进一步释放市场主体创新活力和内生动力。提出对新业态、新样式要做到包容审慎监管，从实际出发，从新业态、新样式的特点出发，判断和处理问题。

秉持上述理念，2022 年 6 月，文化和旅游部及相关五部门发布了《关于加强剧本娱乐经营场所管理的通知》（以下简称《通知》)。《通知》可以被视为建立新型文化娱乐业监管机制的一次创新性实践，体现了"放管服"精神和包容审慎监管的要求。剧本娱乐经营场所是指近些年兴起的剧本杀、密室逃脱等业态。这些新业态、新的娱乐样式深受年轻人喜欢。据统计，目前全国有超过 1 万家场所提供了上述服务。这些剧本娱乐经营场所在较快发展的同时也存在不少问题，如何有效管理是一个新问题。《通知》的发布作了很好的探索。其具有五大创新点：一是摒弃传统的准入管理，实施告知性备案管理。二是创新监管流程，简化优化备案程序。三是坚持放管结合，强化主体责任。四是坚持协同监管。五是设置政策过渡期。《通知》发布后在业界产生了很好的反响，是推动文化管理创新的一次成功实践。

数字时代文化管理创新应该坚持以下五个方面。一是坚持法治、自治与德治相结合，倡导多元共治。二是坚持分级分类治理。2022 年欧盟发布《欧盟数字服务法案》，提出"不对称措施"。这一措施对文化治理有借鉴意义。应明确不同文化业态和文化企业的特点，包括风险特征、风险级别、适用范畴，并据此确定治理的内容、方式和频次。三是完善监管机制，监管重点要从事前审批转向事中事后监管，同时实施负面清单管理。四是探索监管沙盒等试验型文化治理方式。监管沙盒是英国政府在 2015 年首次提出，是一种金融创新产品的测试与激励机制。监管沙盒是一个安全空间，在这一空间中，监管规定有所放宽，在保护消费者或投资者权益、严防风险外溢的前提下，尽可能创造一个鼓励创新的规则环境。监管沙盒同样适合探索数字时代文化新业态的治理方式。该模式有利于规避意识形态风险，尽可能创造鼓励创新的规则环境。五是利用大数据等数字技术提升治理效能。过于原则化是目前文化管理的一大问题。通过大数据技术，强化判例的借鉴，建立网络文化内容的大数据库，并公开发布。这有助于进一步明晰监管标准，降低网络文化内容节目监管中的主观性和随意性，做到既有法可依，又有例可循。

征集论文

政府治理现代化视角下中国“放管服”改革研究

陈　华*

【摘要】党的十八大以来，作为行政改革重要抓手的“放管服”改革取得了显著成效，其发展逻辑呈现出价值理性与工具理性有机结合，制度变革与技术创新密切融合，有效市场、有为政府和有机社会紧密契合的三大特征。聚焦当前“放管服”改革的重难点问题，以更大力度的体制机制创新推动实质性突破，是推进政府治理现代化的关键。其主要着力点在于：以系统观念构建一体化推进策略；以整体性治理理念破解行政协同难题；以解决重难点问题为突破口，优化政府职责体系，强化战略引导和数据驱动，从而增强改革的综合效能。

【关键词】“放管服”；整体性治理；一体化策略

党的十八大以来，作为行政改革先手棋和当头炮的“放管服”改革，在广度和深度上不断拓展，在层次上不断递进。迄今为止，我国“放管服”改革经历了哪些变迁、取得了哪些进展、呈现出何种路径、应该如何评价等问题值得研究和探讨。由此，本文将基于近十年来我国“放管服”改革的实践历程，探寻其中的逻辑演进，并就政府治理现代化目标下的改革趋势进行思考和展望，为实现以“放管服”改革带动政府治理现代化提供参考与借鉴。

---

* 陈华，中共南京市委党校（南京市行政学院）公共管理教研部主任，教授。主要研究方向：行政改革、社会治理。

一、党的十八大以来我国“放管服”改革的发展脉络和运作逻辑

党的十八大以来，“放管服”改革成为我国行政改革的主旋律，并显现出鲜明的新时代改革特质。从总体发展脉络看，我国“放管服”改革经历了“审批改革单向推进—审批监管双轮驱动—‘放管服’三位一体改革”的变迁过程。综合学术界的梳理，可分为以下阶段：第一阶段（2012—2015 年），其特点是在以往侧重简政放权基础上，重点推进“放”和“管”双轮驱动。在此阶段，中央政府大幅度取消和下放行政审批事项，中央政府层面的审批事项目削减 1/3，提前 3 年完成预定的目标任务。全面清理 453 项中央政府层面非行政许可事项，中央政府层面的“非行政许可审批”由此彻底终结。在地方改革试点基础上，开启商事制度改革，深化企业注册资本登记、企业名称登记、“先照后证”“多证合一”等改革，大力提升商事服务质量。第二阶段（2015—2018 年），主要特点是“放”“管”“服”三管齐下。实施相对集中的行政许可权改革试点，其典型代表即行政服务中心和行政审批局改革。建立健全以“双随机、一公开”和“互联网 + 监管”为基本手段，以重点监管为补充、信用监管为基础的新型监管体系，推进线上线下一体化监管，对新产业、新业态探索包容审慎监管。实行综合行政执法改革，整合执法职能和机构，推进跨部门、跨领域综合执法，推动执法力量下沉、执法重心下移，缓解多头执法、重复执法和交叉执法。建设全国一体化在线政务服务平台。第三阶段（2018 年至今），改革更加聚焦市场主体和营商环境建设。2019 年，出台《优化营商环境条例》，固化“放管服”改革成果。① 一是全国范围“证照分离”改革全覆盖。在全国所有自贸区按照直接取消审批、审批改为备案、实行告知承诺、优化审批服务四种方式进行分类改革。二是创新审管衔接机制。各地积极探索建立行政

---

① 张定安、彭云、武俊伟：《深化行政审批制度改革 推进政府治理现代化》，《中国行政管理》2022 年第 7 期．

审批与监管协调联动机制，创设审批与监管信息交换平台，实行审批和监管信息双向推送。三是全面实行行政许可事项清单管理。在前期政府权责清单制度探索经验基础上，2022 年 1 月 10 日，制定出台《关于全面实行行政许可事项清单管理的通知》，全面推进行政许可事项清单管理。

从我国“放管服”改革的演进历程来看，呈现出如下鲜明的运作逻辑：

一是理念上，价值理性与工具理性有机结合。“放管服”改革作为一项系统性改革工程，本质上兼具价值理性与工具理性的内涵特征。一方面，“放管服”改革的出发点和落脚点是公共服务、公共利益，通过改革转变政府职能，构建人民满意的服务型政府，更好地满足人民美好生活需要，深刻彰显了“以人民为中心”的价值理念。另一方面，“放管服”改革以简权放权、创新监管、优化服务等方式提高行政效率，增强行政效能，具有工具理性的丰富内涵。

二是方法上，制度变革与技术创新密切融合。在“放管服”改革实践中，既包含了诸多富有创新性的制度变革，如在行政审批制度改革中，以“相对集中行政许可权”为目标的行政审批局改革即具有天然的制度变革色彩。同时又采取了各具特色的技术创新，如各地方政府构建的“数据云”“一网统管”“一网通办”“城市大脑”等网络型治理平台等，以及“最多跑一次”“不见面审批”改革等。制度变革与技术创新的融合有助于把“放管服”改革推向纵深。

三是目标上，有效市场、有为政府和有机社会紧密契合。党的十九届五中全会强调要推动有效市场和有为政府更好地结合。“放管服”改革作为政府、市场和社会三者的联结点，力图通过简政放权、行政审批制度改革，有效激发市场活力和社会创造力；通过监管方式和治理方式创新，促进市场公平规范、社会和谐有序；通过优化政务服务和公共服务，提升企业群众办事体验感，增强群众获得感和幸福感，从而促成有效市场、有为政府和有机社会紧密契合。

二、推进“放管服”改革亟须着力解决的三大难题

我国的“放管服”改革尽管取得了多方面显著成效，但从实践看，仍然存在一些制约其深入推进的瓶颈问题。为此，需要瞄定重点难点问题，进行针对性改革，推动“放管服”改革向纵深发展，加快推进政府治理现代化。

（一）改革动力的可持续性问题

任何一项改革要深入发展直至达到目标，持续的改革动力是关键。作为党的十八大以来行政改革最重要抓手的“放管服”改革，同样需要源源不竭的改革动力。本质上，“放管服”改革是一场涉及政府自身权力结构和利益格局调整、刀刃向内的政府自我革命，如果缺乏随着环境变化而不断调适的动力，改革将难以持续推进。从我国“放管服”改革的进程看，其主要推动力是中央的顶层设计和统筹谋划。党的十八大以来，中央高度重视“放管服”改革，并将之作为行政改革的核心任务。国务院多次召开会议进行专门部署，以及历年的国务院大督查等举措，都彰显了中央对于推进“放管服”改革的决心和勇气，也使得“放管服”改革成效卓著。

而当改革渐入“深水区”时，此时已不再是典型的“帕累托最优”式的改革（即几乎所有人都可从中受益而无人受损），更多呈现出“卡尔多改进”特征，即一部分人效用提升以补偿受损的人，导致社会整体福利提升。换句话说，改革将可能导致一部分人获益而另一部分人利益受损。对于地方政府来说，则呈现出改革动力不足、改革措施呈现高度同质化，缺乏根据各地实际情况实施改革的创新举措。因此，仅有自上而下的顶层设计和高位推动显得力所不及，需要有多方合力的共同作用，特别是要从内外两方面形成改革动力。内部来看，需要有效激发地方政府的自我革新要求和创新意识，形成政府改革的强烈内驱力；外部而言，要把经济社会发展要求及时转化为政府改革的强劲外推力。内外两方面双管齐下，推动地方政府进行更大力度的体制机制创新以突破改革困境。

（二） 改革的联动性和协同性亟待加强

改革的联动性和协同性不强体现在各环节各方面：一是权力下放整体联动和协调不顺畅。一些关联事项下放不同步不协调，导致企业和群众办事省里、市县来回跑，反而增加办事环节。二是数据互联互通不到位，部门之间信息共享机制不健全。推送信息“互不相认”，“信息孤岛”“数据烟囱”现象尚未有效破解。部门系统林立、平台条块分割，各系统相互不兼容，数据壁垒突出，难以实现互联互通，影响行政效能。三是改革各环节衔接不畅。如在相对集中行政审批权改革中，许多地方采取了行政审批局的改革模式，把原来由多个部门分散审批的做法转为集中由行政审批局审批，大幅提高了行政审批效能，激发市场主体的活力。但与此同时也产生一些新的问题，最主要的就是审管分离之困。审批与监管分属不同部门，由于部门利益、职责不清、数据壁垒等因素的约束，导致审管互动衔接不畅。尽管各地在改革中进行了审管双向推送平台的创设，但审管互动平台未能完全发挥实效，审管部门之间“双向告知”不到位，行政审批局推送的审批事项不能得到监管部门的及时回应，监管部门则反映推送的多为整体性、结论性信息，流程性、专业性信息则较为匮乏。因此，如何促进审管高效协同成为改革的新课题。

（三） 改革的综合效能需要进一步提升

“放管服”改革的三个层面都分别取得一定的进展，但同时仍然存在难以突破的困境，从而制约了改革综合效能的提升。主要体现在：一是简政放权仍存在随意性和数字游戏化倾向。权力下放呈现“选择性下放”特征，只放权小责大的事项，而含金量高、权力大的事项不愿下放；有的下放权力时进行分解，形成数字游戏；有的下放时权责脱节。其根本原因在于部门利益的固化和权责界定不明晰。事实上，无论是视含金量大小进行的权力“选择性下放”，还是关注数字增减的行政审批制度改革，都显示了改革中地方政府的权力利益博弈指向。二是监管效能不彰。现有监管方式和监管能力与我国经济社会高质量发展的要求不匹配，尚未完全形成方便快捷的市场准入环境、公平有序的市场竞争环境、安全放心的消费环境。监管仍然主要依赖检查执法等传统意义上的直接接触式监管，监管资源有限性与监管对象海量化之间的矛盾无法解决，以信用为核心的新型监管尚未建立。行政处罚与刑事处罚衔接不够紧密，违法成本过低，部分消费品质量安全水平不容乐观，食品安全问题仍时有发生。监管方式滞后于各种新兴业态发展，存在较多的监管模糊地带。三是公共服务体验感需要增强。一些办事流程和依据不合理。一些部门仍习惯于从自身管理方便的角度出发制定各种规定，而不同部门规定往往互为前置条件，办事流程陷入无效循环。企业群众办事仍需重复提交各种证明，电子证照库建设进展缓慢，影响服务便利度。

三、我国“放管服”改革未来趋势展望

（一）以系统观念构建“放管服”改革一体化推进策略

习近平总书记强调，“落实党的十八届三中全会以来中央确定的各项改革任务，前期重点是夯基垒台、立柱架梁，中期重点在全面推进、积厚成势，现在要把着力点放到加强系统集成、协同高效上来，巩固和深化这些年来我们在解决体制性障碍、机制性梗阻、政策性创新方面取得的改革成果，推动各方面制度更加成熟更加定型”。[①] “放管服”作为全面深化改革的重要内容，今后发展也将趋向系统集成、协同高效。

系统集成、协同高效主要包括如下意涵：一是“放管服”改革本身需要强化系统性和整体性，放权、监管、服务三管齐下、共同推进。“放管服”改革是一个系统工程，意味着放、管、服三个方面不能各自开展工作，单线推进，而是要构建一体化推进策略。每一方面的具体措施都必须紧紧围绕“放管服”改革的整体目标进行设计，并为整体目标的实现服务，即为激发市场活力和社会创造力服务、为高质量发展服

① 习近平：《加强改革系统集成协同高效 推动各方面制度更加成熟更加定型》，《人民日报》2019 年 9 月 10 日。

务、为推动国家治理现代化服务。二是“放管服”改革与经济社会各项改革措施相互调适，相互配合，共同构成改革的整体系统。“放管服”改革的纵深推进，不仅需要政府各层级各部门之间权责关系明晰，形成上下左右联结的整合型治理结构，同时还需要强化政府与市场、社会力量之间的协同合作，增强改革的整体合力和效能。一方面，坚持市场在资源配置中的决定性作用，更好发挥政府作用。另一方面，以构建社会治理共同体为目标导向，提供良好制度环境，培育社会力量并促其健康成长，激发社会活力。要充分发挥社会自组织的协同力。不断创新完善民意整合、政策协商和社会监督机制，在政策制定和治理过程中提供更多开放性的“端口”和“触点”，让公众充分参与其中。同时要摒弃传统上基于外部视角对社会进行管控的习惯，转向积极嵌入社会自组织过程，依法履行社会管理和公共服务职能，对社会力量进行引导、规范，为人民群众更好地行使当家作主权力提供技术支持和资源保障。①

（二）以“整体性治理”理论破解行政协同困境

如前所述，在“放管服”改革进程中，碎片化、部门区域协同不足等问题日益凸显，已经成为制约改革深入发展的瓶颈。“放管服”改革的深入发展，既需要部门之间的无缝对接以简化服务流程，使行政系统趋于集中整合，也需要多方协作治理和多部门联动来增强政府工作透明度，实现部门间的互联互通。

国务院在2020年9月就政务服务“跨省通办”作出全面部署，提出要打破地域阻隔和部门壁垒，促进条块联通和上下联动，并提出鼓励区域“跨省通办”先行探索和“省内通办”拓展深化，同时要求提升“跨省通办”数据共享支撑能力。这一方面体现了中央政府对包括行政审批制度改革在内的政务服务优化的整体设计，另一方面也表明改革进入“综合集成”式的系统性改革新阶段。从各地实践来看，“放管服”改革也正逐步进入条块联通、上下联动的新阶段，更加注重改革的联动性和

---

① 刘伟、于湃：《论党的十九大以来行政体制改革的推进战略及实现路径》，《江苏行政学院学报》2021年第6期。

协同度。

“整体性治理”理论是基于对公共管理碎片化问题的反思而提出，旨在通过协调、合作和整体性运作来解决治理中的碎片化问题。[①] 具体来说，“整体性治理”理论主要涵盖三大要素：目标上，强调以公民需求作为核心导向，这是其最本质特征；执行上，强调建立整合、协调和信任机制；方式上，强调以技术应用突破部门界限。[②] 围绕目标、执行和方式三大要素，进行制度和机制的改革创新，实现结构和流程优化，促进协同合作。同时，可灵活借鉴发达国家跨部门协同的相关经验。从世界各国实践看，围绕破解跨部门协同的超级难题，主要形成了机构性整合（大部门制）、功能性整合（行政执行局）和程序性整合（专业委员会）三种形式。[③] 可根据我国国情的实际特点和治理难点，进行本土化的创设、转化和创新，为适应高质量发展提供有益的借鉴方案。

（三）以解决重难点问题为突破口，增强改革的综合效能

第一，聚焦优化政府职责体系，为“放管服”改革提供坚实制度基础。政府权力与职责边界的调适是“放管服”改革的核心任务与后续改革的基石，也是中国行政改革进入深水区后“最难啃的骨头”之一。[④] 明晰的政府权责体系可为“放管服”改革深入推进提供坚实的制度基础。

纵向上，需要进行合理确权并构建府际协调合作机制。通过法律法规的合理确权，确定权力来源、权力主体及其责任，实现各级政府权责边界的规范化、制度化和法治化。同时，根据实践需要，构建制度化的府际协调合作机制，进一步明确各层级政府之间的职责及其相互关系。横向上，进一步完善政府权责清单制度。政府权责清单是近年来推进

---

① 李水金、欧阳蕾：《十八大以来我国“放管服”改革的动因、成效、困境及推进策略》，《天津行政学院学报》2020 年第 2 期。

② 竺乾威：《从新公共管理到整体性治理》，《中国行政管理》2008 年第 10 期。

③ 刘伟、于湃：《论党的十九大以来行政体制改革的推进战略及实现路径》，《江苏行政学院学报》2021 年第 6 期。

④ 陈水生：《国家治理现代化视角下的“放管服”改革：动力机制、运作逻辑与未来展望》，《政治学研究》2020 年第 4 期。

“放管服”改革的标志性举措。“放管服”改革的核心是政府职能转变，需要有效处理政府与市场、社会的关系。权责清单是政府职能的直观体现。通过实施清单制度，明确各层级政府和政府各部门的权力和责任事项，实现政府法定职责必须为和法无授权不可为，以及市场主体法无禁止皆可为。在当前的权力清单中，主要有三种权力类型：一是规范性权力类型，即既符合法理，又有法律依据的相关权力；二是亚规范性权力类型，即没有法理和法律依据，但以部门规章、地方性法规、红头文件为依据，在行政实践中基于行政执行方式形成的相关权力；三是非规范性权力类型，即将一套权力进行人为的属种区分，继续把持在手中的一部分没有任何法理和法律依据的权力类型。[①] 应当以法理为本、法律授权为唯一和统一标准，把各级政府的权力清单纳入规范性权力类型的清理中来，清理部门规章、地方性法规、红头文件对亚规范性权力类型的保护，排除各种非规范性权力。

优化政府职责体系，具体落实到行政审批制度改革方面，应持续加大确权、清权和限权力度。一方面，继续压减行政许可事项。对于现有行政许可事项，参照《中华人民共和国行政许可法》第 13 条的规定，凡是“公民、法人或者其他组织能够自主决定的；市场竞争机制能够有效调节的；行业组织或者中介机构能够自律管理的；行政机关采用事后监督等其他行政管理方式能够解决的”，政府都应退出。整治各类变相审批，严禁以备案、登记、年检、注册、目录、规划、年报、认定、认证、审定以及其他任何形式变相设定或者实施行政许可。另一方面，严格限制增量。建立行政许可审查制度，对拟新设的行政许可进行审查，严格控制随意新设行政审批。建立行政审批项目动态清理机制，及时清理与经济社会发展不相适应的行政许可事项。

第二，加强战略引导，实现数据驱动，破解数据壁垒难题。制度层面，部门之间的信息孤岛或数据壁垒问题，其本质是部门利益的外在体

① 石亚军：《当前推进政府职能根本转变亟需解决的若干深层问题》，《中国行政管理》2015 年第 6 期。

现，是利益博弈所衍生的一种隐性权力。其解决方案并非是技术性的，而是政治性的。问题的解决需要更高层级的政府进行统筹与协调。如贵州省通过大数据技术优势，由省级政府推动使用数据云的方式实现数据交互，从数据层面实现部门界限的突破，以数据形式实现不同部门的整合。[①] 上海则通过建设“一网统管”“一网通办”网络化治理形态，以及成立市大数据中心，建立起“一网通办”的运营中枢以及公共数据治理的推进机制。[②] 可见，针对数据壁垒，在制度层面亟须高层级政府的战略引导或政策支撑，同时构建起相应的管理机构以及协调机制，才能从根本上解决数据割裂带来的治理效率问题。个人层面，政府部门领导者及其他工作人员对数据的认知和信息孤岛有重要影响。以往，部门信息数据被约定俗成地认定为其归属于部门所有，具有强烈的部门属性和封闭特征。如今亟须破除这种传统认知，确立公共数据的公共产品属性。因此，需要强化部门领导者的数字领导力建设，改变其对数据价值与归属的传统认知，形成对数据管理的科学认知，营造适宜的公共数字生态系统。

（四） 以更大力度的体制机制创新为“放管服”改革提供持续动力

改革进入攻坚阶段，必将遇到更大阻力。而困难挑战越大，越要深化改革，破除体制机制障碍，激发内生发展动力。如前所述，前期地方政府“放管服”改革的推动力主要源于中央的高位推动以及与同级政府之间的政绩锦标赛，而地方政府自身的改革内驱力和经济社会发展的外部推动力不足。为了增强改革动力，关键要增强政府的自我创新动能以及把经济社会发展变化和公众的意愿转化为改革推动力。因此，可从以下两方面着手：一是增强政府自身的改革创新动能。除了探索增强鼓励激励、容错纠错、能上能下三项机制和配套措施的可操作性之外，未来需要通过更为明确且可行的激励手段与容错机制，降低地方政府在“放

① 宋林霖、朱光磊主编：《贵州贵安新区行政审批制度改革创新研究》，天津人民出版社2019年版，第32—33页。

② 敬乂嘉：《“一网通办”：新时代的城市治理创新》，上海人民出版社2021年版，第130—132页。

管服”改革实践中进行差异化探索的政治顾虑。二是要把经济社会发展变化、公众的意愿及时转化为改革的强劲推动力。大力拓展公众参与改革的平台和渠道。例如，在深化行政审批制度改革中，注重社会调研和民意收集，把群众意见集中、反映强烈的事项作为进一步简政放权的重点。又如，“放管服”改革中遇到一些法律法规的“天花板”问题，相关法律法规规章的修订调整不可避免。对此，政府可委托一些中立的第三方研究机构、智库在充分调研的基础上，拿出各行业、各领域需要“立、改、废”的法律法规规章和其他规范性文件的清单，以尽可能避免部门利益的干扰，为“放管服”改革消除法律法规方面的制约。

进一步提升地方政府服务质量

唐琦玉[*]　唐尔婧[**]

【摘要】地方政府的部门和人员“个个都是服务形象，处处都是服务窗口，时时都是服务演出，事事都是服务体现”。因此，在新时代全面建设社会主义现代化国家新征程中，深入贯彻新发展理念，加快构建新发展格局，进一步提升地方政府服务质量，已成为我国地方政府加快转变政府职能、深化“放管服”改革、持续优化营商环境和建设人民满意的服务型政府的重要课题。同时，由于各种原因，我国部分地方政府服务质量方面还存在许多亟待解决的问题，主要体现在：一是服务意识淡薄；二是服务主体单一；三是服务职能缺失；四是服务结构失衡；五是服务流程不畅；六是服务结果低效。因此，在新时代全面建设社会主义现代化国家新征程中，我们必须以习近平新时代中国特色社会主义思想为指导，大力提升地方政府服务质量，更好地推动经济社会的高质量发展和高效能治理。

【关键词】提升；地方政府；服务质量

党的十九届六中全会决议强调，人民对美好生活的向往就是我们的奋斗目标，增进民生福祉是我们坚持立党为公、执政为民的本质要求，让老百姓过上好日子是我们一切工作的出发点和落脚点，补齐民生保障短板、解决好人民群众急难愁盼问题是社会建设的紧迫任务。地方政府的部门和人员“个个都是服务形象，处处都是服务窗口，时时都是服务

* 唐琦玉，中共湖南省委党校（湖南行政学院）公共管理教研部二级教授，硕士生导师。
** 唐尔婧，湖南创智和宇信息有限公司办事员，硕士研究生。

演出，事事都是服务体现”。因此，在新时代全面建设社会主义现代化国家新征程中，深入贯彻新发展理念，加快构建新发展格局，进一步提升地方政府服务质量，已成为我国地方政府加快转变政府职能、深化“放管服”改革、持续优化营商环境和建设人民满意的服务型政府的重要课题，也是推动地方经济社会高质量发展、实现高效能治理和高品质生活的重要保障。

一、提升地方政府服务质量意义重大

现代政府主要为民众和社会提供优质公共服务、创造良好发展环境和维护社会公平正义，让广大人民群众都过上更好的日子。地方政府服务质量是地方政府为公众、社会、市场提供公共服务的意愿、能力和绩效的综合反映。因此，提升地方政府服务质量具有十分重要的意义。

（一）推进国家治理现代化的迫切需要

我们实现了第一个百年奋斗目标，现在又意气风发踏上了实现第二个百年奋斗目标新的赶考之路。国家治理体系和治理能力现代化既是国家现代化的基本内容，又是全面实现现代化目标的支撑条件。推进国家治理体系与治理能力现代化的重要内容是推进政府治理现代化，因为政府治理在国家治理中处于核心地位，是国家治理的主要载体和集中体现，也是整个国家治理体系中的一个最为重要的子系统。国家治理体系和治理能力现代化水平，突出表现在政府治理体系和治理能力现代化水平上。推进政府治理现代化，关键在于处理好政府和市场的关系、政府和社会组织的关系、政府和人民大众的关系，建设职能科学、结构优化、廉洁高效、人民满意的服务型政府，提升政府的服务质量。政府又是国家治理体系和治理能力现代化的重要推动力量。事实上，地方政府服务质量的提升不仅涉及政府治理能力的提升，同时也是切实转变政府职能，区分政府与市场功能，充分发挥市场在资源配置中的决定性作用和更好发挥政府作用的关键环节；且政府服务质量与政府职能的有效发挥，也是发展社会事业、保障改善民生、实现社会善治的前提。因此，提升地方政府服务质量，为人民群众提供更多更好的公共产品和公共服务，寓管理于服务之中，既是国家治理体系和治理能力现代化的题中之义和必然要求，也是推进国家治理体系和治理能力现代化的重要途径。

（二）完善社会主义市场经济体制的迫切需要

在社会主义市场经济体制下，市场和政府各有分工，在资源配置中发挥决定性作用的是市场；政府的职能定位更主要的是为市场主体提供优质服务和创造良好的发展环境，包括法治环境、信用环境、市场环境等，通过经济调节和市场监管弥补市场失灵带来的弊端，而不是用行政手段去直接干预经济运行。如果政府在市场活动中既当“裁判员”，又当“运动员”，就很难保证市场活动的公正，增强微观经济活力。当前，我国的地方政府管理体制仍然存在不少问题。比如，政府缺位或越位的现象仍具有一定的普遍性；不规范的行政管理带来的效率低下不适应高质量发展的要求等。完善社会主义市场经济体制，迫切要求创新政府管理和服务方式，提升地方政府服务质量，实现地方政府由管制型转向服务型，以充分激发企业和市场的活力。

（三）提升全球竞争能力的迫切需要

当前，经济全球化进程加快，国际经济关系更加密切、竞争更加激烈。而当今世界的竞争，不仅是经济实力的竞争，更是政府服务质量的竞争。提升地方政府服务质量，打造政务服务升级版，营造市场化、法治化、国际化营商环境，提供优质的公共产品和公共服务成为地方政府竞争的中心。全球化趋势加强了各个国家对本国经济竞争力的高度重视，政府服务能力是一国综合国力和竞争力的一种主导性因素，政府如何引导和调控国民经济运作、参与现代国际经济竞争、促进经济高质量发展，自然成为人们关注的焦点。“蒂布特模型”告诉我们，个人可以通过“用脚投票”来有效表达对地方公共物品和公共服务的供给偏好。哪里政府管理规范、投资成本低、办事效率高、公共服务好、社会环境优，哪里就会吸引更多的资金、技术和人才，从而促进当地社会经济高质量发展。这就要求政府必须正确、充分和有效地履行公共服务职责，提升政府服务质量，创造优良营商环境。

（四） 提高党的执政水平的迫切需要

坚持党的全面领导是坚持和发展中国特色社会主义的最本质特征和最大优势。为人民服务是马克思主义最鲜明的政治立场，是中国共产党的根本宗旨。提升地方政府服务质量、建设服务型政府是建设学习型、服务型、创新型马克思主义执政党的基础工程，对于密切党同人民群众的血肉联系，提高党的执政能力、夯实党的执政基础具有重要意义。我们的政府是人民的政府，政府公务员是人民的公仆，是以为人民服务为宗旨的，这是立党为公、执政为民的本质要求。随着我国经济社会深刻变革，群众服务需求日益增多，特别是发展进入新时代新阶段，改革进入攻坚期和深水区，许多改革发展稳定举措直接关系人民群众切身利益。同时，人民群众的民主意识、法治意识、竞争意识和参政意识不断增强，对政府的服务质量要求也越来越高。因此，提升地方政府服务质量、建设人民满意服务型政府，从政府管理模式、体制机制的创新上增强政府和公务员的服务意识和责任意识，切实转变和履行好政府职能，寓领导和管理于服务之中，通过服务贴近群众、团结群众、引导群众、赢得群众，推动党组织在强化服务中更好地发挥领导核心作用，对于提高党的领导水平和执政水平，巩固党的执政地位，确保国家的长治久安有着极为重要的意义。

二、地方政府服务质量方面的主要问题

虽然我国地方政府在提供公共服务方面取得了显著的成绩，但由于各种原因，我国部分地方政府服务质量方面还存在许多亟待解决的问题。

（一） 服务意识淡薄

在我国，人民群众是主人，是国家权力的源泉，政府机关是服务机关，政府工作人员是人民的“公仆”。但随着改革开放和市场经济的发展，群众观点淡薄，利益观念泛化，一些地方政府及其公务员忘记了自

己是为人民服务的公仆，利用人民赋予的公共权力为自己的私欲服务，官本位思想严重，重权力轻责任、重管理轻服务，服务有偿化，服务逐利化，“门难进，脸难看，话难听，事难办”的现象在基层依然存在，部门利益及个人利益突出，严重损害了党和政府在人民群众中的形象。

（二）服务主体单一

随着时代发展和社会进步，人民对美好生活的向往更加强烈，对公共产品和公共服务的品种、种类、数量的要求越来越高，而现代政府不可能也无法将各种社会事务和公共服务一一包揽，这必然要求政府公共服务的提供方式和途径的多样化，实现由单一主体向多元主体、“单中心治理”模式向“多中心治理”模式的转变。但由于管制型政府的长期影响，公共服务主要由政府来承担，地方政府管了许多不该管、管不了和管不好的事情，没有充分发挥公众、企业、第三部门的作用，也没有充分发挥市场的作用，公共服务质量活力不足、效率低下，增加了公共服务的成本，阻碍了经济社会的高质量发展。

（三）服务职能缺失

在现代市场经济条件下，地方政府的职能主要是公共服务、市场监管、社会治理和生态环境保护，政府应当把更多的财力和精力投入到组织基本的公共服务和公共产品的供给方面，大力发展义务教育、公共文化、基本医疗卫生、生态环境保护等社会公共事业和公共服务，特别是向基层人民群众提供基本的公共产品和公共服务，并为企业创新发展提供良好的营商环境。但一些地方政府职能定位不清，职能错位、越位、缺位同时存在，直接参与经济活动较多，监管和服务方面做得不够，妨碍市场主体自主性发挥和现代市场经济的完善。个别地方政府把本应由政府或政府为主提供的某些公共产品和公共服务，如公共教育、公共卫生、公共文化推向市场、推向社会，对关系人民群众切身利益和维护社会稳定所需要的社会就业、社会分配、社会保障、社会福利和社会秩序重视不够，甚至有的基层政府将公共服务模糊化、抽象化，加剧了社会冲突和矛盾，阻碍了社会公平，影响着社会的和谐与稳定。

（四） 服务结构失衡

政府提供的公共服务最重要的一个特征就是它的非排他性，即社会公众可以普遍地、无偿地享受这种服务和消费，实现公共服务的均等化。但由于受计划体制束缚和传统发展理念的影响，我国政府公共服务结构明显失衡，存在着歧视性服务、盲目性服务和缺失性服务，不同服务主体享受的公共服务存在量和质的差别，城乡差距、地区差距较大，公共服务的供给结构与需求结构相脱节，社会发展与经济发展不相协调，一些基层民生领域还有不少短板，基础教育落后、基本医疗卫生服务短缺、社会保障乏力、公共文化匮乏、基础设施滞后，严重影响基层经济社会的高质量发展和人民群众的高品质生活。

（五） 服务流程不畅

服务质量也是硬道理，政府服务必须求真务实，但有些地方政府服务工作存在虚化现象，形式主义、官僚主义仍然突出，下级围绕上级转，机关围绕领导转，甚至只图让上级领导高兴，而不求让公众满意。一些基层政府机关搞虚假服务，把公共服务停留在口头上、文件上，服务过程求形式，走过场，表面上轰轰烈烈，实际上毫无效果。少数单位和地方，服务文件发了不少，真正落实的不多；服务规定定了不少，切合实际的不多；服务承诺应许了不少，真正实现的不多；服务次数不少，解决问题的不多。有些群众急难愁盼的服务不去服务，而有些群众不需要的服务却打着“服务群众”的旗号强制服务。

（六） 服务结果低效

建设人民满意的服务型政府已成为各级政府的重要课题，但从公共服务效果来看，有些不尽如人意。首先，民众对公共服务需求的增大与地方政府提供公共服务的能力有限。社会的进步，客观上要求地方政府提供越来越多的公共服务，以满足人民群众物质文化生活不断发展的新要求和新期待。但我国地方政府尤其是中西部地方政府公共服务的供求矛盾明显突出，一方面财政收入量小，增收后劲不足；另一方面财政支出压力大，在安排公共服务财政支出时往往捉襟见肘。其次，提供公共服务效率偏低。加强公共服务职能是基层政府的核心内容，完善的公共服务体系和高效的公共服务效能是建设人民满意政府的突出标志。由于各种原因，少数基层政府落实公共服务的能力和水平仍然较低，存在着许多亟待改进的地方，既降低了政府的公信力和执行力，又成为基层经济社会高质量发展的瓶颈和民众抱怨的主要话题。

三、提升地方政府服务质量的主要路径

显然，上述地方政府服务质量方面存在的问题是与中国共产党的初心使命相悖的，也与新时代新发展阶段贯彻落实新发展理念、加快构建新发展格局的要求不相适应，不利于地方经济社会的高质量发展、高品质生活及高效能治理。在新时代全面建设社会主义现代化国家新征程中，提升地方政府服务质量已成为重要课题。因此，我们必须以习近平新时代中国特色社会主义思想为指导，落实全心全意为人民服务的根本宗旨，大力提升地方政府服务质量，更好地推动经济社会的高质量发展和高效能治理。

（一）培育理念，增强政府服务意识

思想是一切行动的先导，理念是政府服务的灵魂。促进政府服务质量提升，要求地方政府和公务人员必须牢固树立坚持以人民为中心的发展思想，切实增强服务意识，着力办好群众各项急难愁盼问题。首先，贯彻落实人民至上理念。习近平总书记强调，民心是最大的政治；民之所忧我必念之，民之所盼我必行之；共产党就是给人民办事的。我国政府是人民的政府，是代表人民行使国家权力的政府，人民性是我国政府的唯一属性。政府公共服务要坚持共享发展，把增进民生福祉、提升人民群众的获得感幸福感安全感作为出发点和落脚点。其次，贯彻落实高效廉政理念。持续推进政府服务质量提升，应该努力提高政府公共服务效率，降低公共服务成本。如果政府存在腐败问题，每输出一个单位的公共服务往往要支付更高的成本，自然不会有高的行政效率，输出的公共服务在质量上也往往要大打折扣。因此，树立高效廉政理念，建设廉

洁政府，是推进政府服务质量提升的基本要求。最后，贯彻落实诚实信用理念。诚实信用是人类社会存在和发展的基础，也是推进政府服务质量提升的基本要素。只有政府讲诚信，政府才会有强大的公信力。同时，政府的诚信是正当性和合法性的体现，也是建设诚信社会的核心和基础，更是做好公共服务的前提和关键。政府在提供公共服务过程中要倡导诚实守信，强化诚信制度建设，严格制度执行，克服失信行为，切实提高政府的执行力和公信力，塑造良好服务的政府形象。

（二）转变职能，突出政府服务重点

政府职能定位是否准确，是政府能否正确行使权力、发挥作用的前提和基础。政府职能转变是深化行政体制改革的重点和核心，持续推进政府服务质量提升必须切实转变政府职能。首先，厘清政府职能内容。主要是厘清政府和市场、企业、事业单位、社会组织在市场经济条件下的职能、定位、责任以及相互关系，即明确政府做什么、市场做什么、企业做什么、事业单位做什么、社会组织做什么。该政府做的事，政府要责无旁贷、恪尽职守、尽职尽责，切实做出成效。要把政府工作重点转到创造良好发展环境、提供优质公共服务、维护社会公平正义上来。其次，进一步简政放权。推进政府服务质量提升要把简政放权、深化“放管服”改革作为职能转变的突破口。简政放权，要求大幅度减少政府审批事项，减少政府直接管理和介入微观经济活动，要放权给市场、社会和地方政府，更好地发挥市场配置资源的决定性作用，以增强政府公共服务的针对性和有效性，调动人民群众的积极性和创造力。当然，政府在简政放权、减少审批事项的同时，还必须要注重放管结合、优质服务，创新政府管理方式，按照宽进严管的原则，加强对市场主体、市场活动的监督管理，推进政府管理由注重事前审批转向事中事后监管。最后，增加公共服务供给。政府不断扩大公共服务投入，积极向社会提供公共产品和公共服务，坚持普惠性、保基本、均等化、可持续方向，从解决人民最关心最直接最现实的利益问题入手，重点落实解决人民群众的急难愁盼问题，不断提升人民群众的获得感、幸福感和安全感。

（三）深化改革，健全政府服务体系

提升地方政府服务质量，必须改革和创新公共服务体制。首先，明确政府间公共服务职责。要重新划分公共服务支出责任，明确各级政府在基本公共服务供给中承担的支出责任，不仅要明确各级政府各自负担的比例，而且要细化到支出项目，加强城乡义务教育、就业服务、社会保障、基本医疗和公共卫生、公共文化、环境保护等基本公共服务体系建设。其次，形成公共服务多元供给模式。改革开放以来，我国公共服务体系和制度建设不断推进，公共服务提供主体和提供方式逐步多样化，初步形成了政府主导、社会参与、多元并举的公共服务供给模式。政府应进一步深化改革，引导社会组织参与公共服务供给。政府部门可依照“掌舵而不划桨”的原则，整合利用社会资源，引入市场竞争，逐步加大向社会力量购买服务的力度，形成公共服务多元参与、多中心供给机制，构建多层次、多方式的公共服务体系，激发经济社会活力，降低公共服务成本。

（四）创新方式，搭建政府服务平台

提升地方政府服务质量，需要创新政府服务方式，提升行政效能和服务水平。首先，推进地方政府服务中心建设。地方政府服务中心是深化“放管服”改革、提升公共服务质量的重要平台。地方政府服务中心把各部门和各部门内设机构的为民服务集中到一起，共同为群众进行面对面、个体化、人性化、全天候、无缝隙的全方位服务，从而使得政府部门为群众服务更加具有统一性、集群性和协同性，使群众办事更方便、更快捷，政府为群众的服务就更具有针对性和时效性。政府服务中心尤其要注重在深入推进政务服务“一网、一门、一次”改革、“互联网＋政务服务”的基础上，进一步加大改革创新力度，将多个部门相关联的“单项事”整合为企业和群众视角的“一件事”，推行集成化办理，实现“一件事一次办”，从而为人民群众提供更加方便、快捷、优质、高效的公共服务。其次，科学选择公共服务方式。在现代市场经济条件下，公共服务方式应当灵活多样，提供更加多样化、个性化、专业化的

公共服务产品，满足人民群众多层次、多样化的需求。最后，实现公共服务流程再造。政府流程再造是在引入现代企业业务流程再造理念和方法的基础上，以公众需求为核心，对政府部门原有组织机构、服务流程进行全面、彻底的重组，形成政府组织内部决策、执行、监督的有机联系和互动，以适应政府部门外部环境的变化，谋求组织绩效的显著提高，促使公共服务取得社会公众的认可和满意。尤其要充分利用现代网络信息技术，大力推行智慧服务和数字服务建设，延伸基层服务网络，打通业务系统、强化数据共享，推进基层公共服务标准化、规范化和数字化，提升基层公共服务数智化和便利化水平，实现基层服务流程更加便捷、行为更加规范、过程更加人性、品质更加标准，以有效提升公共服务供给质量。

（五）完善评估，提升政府服务成效

服务质量是一种意识、一种品质、一种担当。开展公共服务绩效评估是持续推进政府服务质量提升的现实要求。首先，制定公共服务绩效评估标准体系。建立科学的公共服务绩效评估体系，按照评价程序对政府公共服务进行科学的评价，依据评价结果改进公共服务工作、改善政府预算、降低政府成本、提升公共服务绩效，这是很多国家通行的做法。完善公共服务绩效评估指标体系，要纠正单纯以经济增长速度评定政绩的偏向，更加重视脱贫攻坚、义务教育、就业服务、社会保障、基本医疗和公共卫生、公共文化、环境保护等基本公共服务状况。要增加明确反映创新、协调、绿色、开放、共享发展理念的指标，增加政府履行公共服务职责的约束性指标，加大公民满意度调查，科学评估地方政府公共服务绩效，提高广大民众的满意度和幸福指数。其次，建立公共服务绩效多元评价机制。针对上级部门作为单一政绩评价主体产生的封闭式的“官评官”的评价机制，应该引入“360 度公共服务绩效评估”理论，设立多元公共服务评估主体，实行上级组织、社会公众和第三方组织（中介机构）等多元评价主体对政府公共服务政绩进行多角度的考核评价。再次，完善公共服务绩效评估政策法规。完善各级政府公共服务绩效评估制度，明确公务员公共服务标准，做到政府公共服务绩效评

估管理有法可依、有章可循。最后，建立公共服务绩效评估信息平台。便捷的信息交流反馈机制是开展公共服务绩效评估的基础。要建立灵活、便捷、高效的公共服务信息处理、转换平台，健全公务员公共服务数据采集、共享和监测体系，注重公共服务绩效评估结果的运用，强化对公务员公共服务的监督，督促公务员更加自觉依法履行公共服务职能，提升公共服务能力，为人民群众提供更高质量的公共服务。

行政审批制度改革绩效评价:形成机理与指标体系*

宋林霖** 陈志超***

【摘要】行政审批制度改革是“放管服”改革的重要突破口。作为固化改革成效与引领改革发展的重要工具，构建本土化、符合自身价值取向的行政审批制度改革绩效评价体系，是推进改革的内在要求与保障条件。然而，目前行政审批制度改革绩效评价的相关研究尚处于初步探索阶段，各类指标体系存在目标导向不明确、指标体系不完善、顶层设计缺乏等问题，实践部门形成重复考评、无所适从等现实困境，难以发挥理论指导实践的作用。本研究基于明晰行政审批制度改革绩效的生成路径，厘清行政审批制度改革绩效评价的形成机理，构建出定量与定性分析相结合、主客观评价的互补互证、内部考评与外部评价有机统一的改革绩效评价指标体系，以期对我国行政审批制度改革的理论与实践有所启发和裨益。

【关键词】行政审批制度改革；绩效评价；指标体系

一、问题的提出

习近平总书记多次强调，改革是由问题倒逼而产生，又在不断解决问题中而深化。作为政府简政放权的“当头炮”，始于2013年的新一轮行政审批制度改革一直在持续推进。聚焦行政审批制度改革进程，前期行政审

* 国家社会科学基金重点项目“高效能治理视域下县域营商环境优化路径研究”(21AZZ011)。

** 宋林霖，天津师范大学政治与行政学院教授、博士生导师，国家治理研究院副院长，南开大学中国政府发展联合研究中心研究员。

*** 陈志超，天津师范大学政治与行政学院博士研究生，国家治理研究院研究助理。

批制度改革过于关注宏观发展方向，较少关注具体的问题意识与目标指引，改革长期呈现重数量轻质量、重决策轻落实、重形式轻效果的粗放型发展特征。行政审批制度改革绩效评价作为促进政府问责、完善政府决策与管理、改进政府激励的重要工具，是寻找改革痛点的先锋与向导。

目前多数地方政府行政审批制度改革都集中于外部公众评价方面，关注行政相对人的感受度而较为忽视行政审批制度改革本身是否达成其治理目标。而行政相对人仅关注办事时间、办事成本等浮于改革表层的技术治理成效，缺乏对政府内部治理体制、机制等方面的改革成效的了解与关注，难以触及行政审批制度改革的底层逻辑。因此，构建一套符合自身价值取向的行政审批制度改革绩效评价指标体系时解析改革深层问题具有基础性作用。

从技术的角度看，行政审批制度改革绩效评价针对的是为什么要评价、谁来评价、评价谁、评价什么、如何评价等基本问题。研究基于找寻实务界和理论界指标体系的“漏洞”，明晰行政审批制度改革绩效评价的总体框架，厘清行政审批制度改革绩效评价指标的形成机理，构建一套符合行政审批制度改革特色、兼顾理论性和实用性的行政审批制度改革绩效评价指标体系。

二、目标、文献与实证探索

（一） 概念及目标

在西方国家，“行政审批”一词是与“政府规制”或“政府管制”相对应的，主要讨论规制是否有必要以及如何保证规制的正当性、合理性和准确性。在中国，“审批”和“许可”是理论层面较难区分与界定的两个词，两者含义与关系极为复杂且极具争议，《中华人民共和国行政许可法》最终采纳同一概念说，将其定义为：行政机关根据公民、法人或者其他组织的申请，经依法审查，准予其从事特定活动的行为。然而，在中国的实践语境中，行政审批的适用领域非常普遍、适用范围非常广泛，是一个泛化的概念，通常被理解为行政机关所作的审批，既囊括应对行政申请人作出的审批即行政许可，又包括上级行政机关对下级行政机关或其他机关申请、请示等管理事项所作的审批。2015 年国务院召开的第三次廉政工作会议通知全面取消非行政许可审批，行政审批被以非许可类审批的名义从行政许可中分离出去。因此，本文探讨行政审批制度改革仅涉及行政许可事项，不包括非行政许可事项、公共服务事项以及政府内部审批事项。

明确目标定位是确保评价有效性的前提。学界普遍认为，评价主体决定评价的公信力、指标体系决定评价的科学性，其两者均服务于评价的目标定位。行政审批制度改革绩效评价目标主要表现在三个方面：一是厘清长期目标与短期措施间的远近关系。以往改革聚焦于撤销、减少审批项目，但这一改革方式需要减少到多少项目才算到位呢？从审批数目的角度看，尽管很难界定到一个具体的数目，但也不能无休止地减少下去，需明确一个基本稳定的状态，因此，远景目标的确立是界定评价目标的必要环节。当然，远景目标会根据治理现状微调，但从改革方向上看是处于相对稳定状态，改革短期措施的执行程度即为其提供重要参考。因此，绩效评价要体现考核与评价的双重功能，基于改革的远景目标，通过构建过程性指标与目标性指标，评估行政审批制度改革现状，激励进步、推进建设。二是明确政府与社会的内外关系。政府的权力来自民众的让渡是政治学的基本原理，然而行政审批制度改革的一个特点是改革局限于政府内部，撤销或减少项目的数量、内容等都由政府决定，较多与企业相关的审批项目也少有社会的介入，可能出现改革方法不切实际、改革措施不到位的情况。因此，绩效评价应强调结果导向与公众满意度导向，既需要着眼于政府内部视角出发设定评价指标，亦须从改革试验者角度了解行政相对人需要什么样的服务流程。三是考虑顶层设计与地方首创的上下关系。从上到下的顶层设计、推动的行政审批制度改革已见成效，但地方政府出于利益考虑而缺乏改革的积极性，出现"上有政策、下有对策"的应付式执行。然而，当地方政府推行行政审批制度改革的源动力持续增加时，其则会主动出击，因地制宜推进改革。因此，绩效评价需要依据政府工作路径，关注政府行为过程的合法性、合理性与改革目标的精准性、可测量性，避免抽象与概括式要求。

（二）文献综述

绩效评价作为行政审批制度改革的重要方面，受到了国内外理论界的广泛关注。国外开展政府规制绩效评价的研究较早，有着相对丰富的理论研究成果。20 世纪 80 年代，规制影响评价（regulation impact assessment，RIA）在理论与实践的影响下应然而生。所谓规制影响评价，是对规制可能带来的正面和负面影响进行系统评估，为决策者出台和调整规制提供信息的一种技术性工具。[①] 学者对规制影响评价作用的认识在持续争论中不断深化：其一，深入研究规制影响评价的利弊。拉迪（Ruddy）[②]、雅各布斯（Jacobs）[③] 等学者对管制影响评价持肯定态度，认为评价是评估政策效果、识别政策风险的政策工具，计划管制方案的实行顺序，确保管制的效益最大化、成本最小化。桑斯坦（Sunstein）[④] 等学者从提高市场效率、保护健康、安全和环境质量等方面认为规制影响评价起到非常重要的作用。然而也有不少学者对规制影响评价存在各种争议。布坎南（Buchanan）指出政府的许多决定并非代表公众的意愿，政府的缺陷至少和市场一样严重。[⑤] 其二，研究 RIA 的工具技术层面与实证层面。瓜什（Guasch）等人介绍了估算规制成本和收益的方法，其中估算成本包括数量经济法、支出估算法、生产率研究方法等，估算规制收益的方法包括人们对规制标准变动所愿意支付的量。[⑥] 柯克帕特里克（Kirkpatrick）等实证分析了 1988—2002 年对外国私人资本流入亚洲基本建设投资实施规制的影响，结果表明对私人部门来说，外商投资对建立有效的规制框架作出积极回应。[⑦] 还有学者从机制、质量控制、分析方法

---

① 肖兴志、孙阳：《规制影响评价的理论、方法与应用》，《经济管理》2007 年第 6 期。

② Thomas F. Ruddy，Lorenz M. Hilty. Impact Assessment and Policy Learning in the European Commission. Environment Impact Assessment Review. Vol. 28，No. 2—3（2007）.

③ Colin Jacobs. Improving the Quality of RIA in UK. Centre on Regulation and Competition Working Paper Series. No. 102（2005）.

④ Hahn W. Robert，Sunstein，and Cass R. A New Executive Order for Improving Federal Regulation? Deeper and Wider Cost Benefit Analysis. University of Pennsylvania Law Review，2002：1489—1532.

⑤ 布坎南：《自由、市场和国家》，吴良健等译，北京经济学院出版社 1988 年版，第 281 页。

⑥ J. Luis Guasch，Robert W. Hahn. The Costs and Benefits of Regulation：Implications for Developing Countries. The World Bank Research Observer，No. 1（1999）.

⑦ Colin Kirkpatrick，Yin-Fang Zhang，and David Parker. Private Investment in Infrastructure in Asia：the Impact of Regulation. The Singapore Economic Review，No. 1（2005）.

等方面构建复合指标体系，确保规制影响评价的立体化与全面化。

在我国，行政审批制度改革绩效评价的研究起步较晚，以行政审批制度改革绩效评价为主题在中国知网（CNKI）进行文献检索，仅搜索出4篇文献，且其中3篇为博硕论文，可以看出国内学术界缺乏行政审批制度改革绩效评价的研究。但是，近年来国内学者日渐深入研究指标体系，相关理论成果逐渐丰富，其中代表性的成果主要包括以下几项：既有研究围绕行政审批制度改革绩效评价，研究内容主要集中于微观视角下评价指标体系的构建和数理建模等方面，以网上审批绩效评价、政务服务满意度绩效评价、行政审批制度改革绩效评价、电子政务绩效评价等为主题词检索，在中国知网全文数据收录的北大中文核心期刊和CSSCI期刊中选取关联度较高的相关文献，按照改革绩效的评价内容对现有文献进行分类，主要分为公众满意度评价指标体系和改革绩效评价指标体系，并从成果名称、一级指标、评价主体与对象等方面进行对比分析（见表1）。

表1　现有研究构建的行政审批制度改革绩效评价指标体系

类别	成果名称	一级指标	评价对象	评价主体
公众满意度评价指标体系	网上行政审批的绩效评估模型①	安全/隐私、信任、可用性、公共服务感知、公共服务质量	武汉市政务服务中心网站	企业和公众
	行政审批服务质量评估测量模型②	信息质量、系统质量、服务质量、特定满意度、累积满意度、连续性动机	公共服务中心	企业和公众
	行政审批服务公众满意度测量指标体系③	公众期望、感知服务质量、公众满意、公众抱怨、公众信任	武汉市D区行政审批局	企业和公众
	服务型政府导向的网上行政审批绩效评估指标④	公众满意度、审批计划、审批执行、审批监督、审批检查	政务大厅	公众、第三方

① 吴君、许晓芸、黄栋、杨兰蓉：《网上行政审批用户满意度的影响因素研究》，《电子政务》2014年第12期。

② 张育英、明承瀚、陈涛：《行政审批服务质量与用户满意度的实证研究》，《中国行政管理》2016年第1期。

③ 吴铱达：《“放管服”背景下行政审批服务公众满意度实证分析》，《湖北社会科学》2019年第12期。

④ 易兰丽、杨慧、孟庆国：《政务大厅服务效能影响因素实证分析》，《北京理工大学学报（社会科学版）》2019年第4期。

续表

类别	成果名称	一级指标	评价对象	评价主体
改革绩效评价指标体系	行政审批制度改革绩效评价指标体系[①]	效率评价、效益评价、制度保障	行政审批制度改革绩效	政府
	行政服务中心组织绩效评价指标体系[②]	协调整合规范、协调整合程度、硬件建设程度、软件建设力度	行政服务中心	行政服务中心、第三方、公众
	行政许可绩效评价指标体系[③]	依法实施、公开公示、监督管理、实施效果	广东省J市41个行政许可审批单位	本级政府、公众
	行政审批制度改革的制度性交易成本绩效评价[④]	效率水平、行政审批改革成效、基础设施、科技水平、产业结构、经济发展水平、外商投资水平	全国211个地级市行政审批服务中心	政府、第三方

总体而言，国外学术界持续深入研究规制影响评价，在规制影响评价的概念、指标设置原则、测评方法等方面的理论研究较为成熟，对我国行政审批制度改革绩效评价有重要的借鉴意义。我国学术界对行政审批制度改革绩效评价研究尚处于起步阶段，研究成果的深度和广度都有待进一步拓展，没有能够形成符合当前行政审批制度改革实际情况的、权威的改革绩效评价指标体系。既有指标体系仍存在两个问题：一是评价主体以公众和第三方机构为主，缺少政府自评的指标体系。行政审批制度改革作为行政改革的重要组成部分，其改革绩效涉及系统优化、减少财政支出等专业性较强的评价内容，政府作为改革的直接参与者，自评是政府部门主动找错改错的过程，以政府为评价对象是改革绩效评价需要完善的重要方面。二是指标体系以政务服务为主要测评对象不完

---

① 毕克新、施芳芳、温巧云：《基于FAHP的行政审批制度改革绩效评价研究》，《科技与管理》2012年第3期。

② 于秀琴、吴波、姜文芹：《“整体性治理”下行政服务中心绩效评价研究》，《中国行政管理》2016年第3期。

③ 王福涛、黄怡茵、潘振赛：《行政许可监督与服务满意度关系研究——基于广东省J市行政许可绩效评价》，《中国行政管理》2017年第8期。

④ 杨兰蓉、许晓芸：《网上行政审批的绩效评估研究》，《电子政务》2014年第12期。

善，评价内容不完善。多数学者仅从审批服务满意度、政务大厅建设的服务效能等优化服务的角度评价改革绩效，指标体系鲜有涉足政府财政支出、取消与下放事项数量等事实、数据客观的指标，过于偏重政务服务方面的指标，指标体系内容散而不聚，存在偏向性，影响改革绩效评价的内容效度，难以引导实践发展。

（三）实证探索

聚焦中国摸索行政审批制度改革绩效评价进程，呈现出由关注以目标责任考核为主要形式的政府绩效评价，转向强调以行风评议在内的外部公众评价。

以部门自身或上级政府为评价主体的政府自评指标体系主要分为两类：一是以窗口人员或窗口单位、部门等审批主体为评价对象的指标体系。如 2017 年张家港市发布《张家港市行政审批局（政务服务管理办公室）2019 年窗口绩效考核细则》，一级指标主要涉及工作规范、纪律监督、业务能力等方面，旨在通过评价增强工作人员的服务意识、提高工作效能与服务水平。二是以行政审批制度改革绩效为主要评价对象的指标体系。该类指标体系主要以下放审批事项、优化审批流程等方面为主要评价内容，掌握行政审批制度改革现状及目标达成状况，进而为推进改革辨明方向。例如，2014 年海南省发布《海南省行政审批制度改革绩效考评工作方案》，由省编办和社会服务对象聚焦审批事项质量与审批事项流程两个维度考评改革绩效。

以公众为主体的政务服务满意度测评通过向行政相对人和公众发放问卷调查，对服务态度、办事效率、政务公开等政务服务内容进行满意度评价，满足公众多样化的精准服务需求。国家层面如 2019 年国务院办公厅发布《政务服务“好差评”制度提高政务服务水平》；省级层面如 2017 年广东省开展“广东省营商环境公众满意度调查”等调查评价都是以公众为主体的评价体系。

实践界已构建的行政审批制度改革绩效评价指标体系，在服务态度、行政效率等方面满意度测评指标方面较为完善。但在绩效评价规范化与科学化方面仍处于探索的初步阶段，主要的问题表现在：一方面，评价指标存在偏向性，现有评价指标体系多以机构的基础设施与工作人员的服务态度为评价对象，而对实际改革涉及的权力下放、职能转变、财政支出等绩效方面的内容涉及较少，忽视了对技术性与专业性改革绩效的评价。另一方面，评价主体的单一性，现有评价指标体系或以政府部门为评价主体，或以公众为评价主体，未能发挥政府、公众、第三方机构等多元主体的综合评价结果。基于此，实践界亟须一套科学的改革绩效评价指标体系，发挥绩效评价“指挥棒”的作用。

三、行政审批制度改革绩效评价的形成机理

行政审批制度改革绩效不仅客观存在，而且可以被感知和表达，在特定条件下还可以对其进行相对客观的价值判断。要全面、有效地确定改革绩效指标，必须基于改革评价原则，按照改革活动的逻辑顺序，逐一考察各环节中改革的状况，构成系统化行政审批制度改革绩效评价（见图 1）。

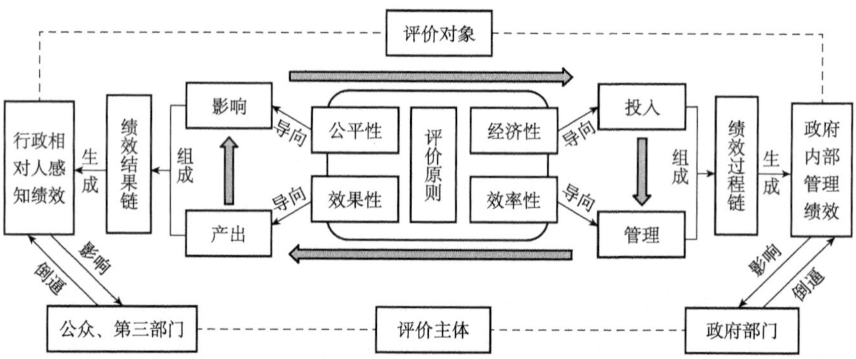

图 1　行政审批制度改革绩效评价的形成机理

（一）导向：绩效评价的原则

行政审批制度改革绩效评价是对改革活动的效率和效果的一种实证性研究，强调评价原则需适配社会发展需求与行政审批的改革方向。一是效率性。该原则是指评价组织内部管理状况的指标，本质是在考虑组织的改革效率。政府管理系统存在于投入与结果的范围内，将投入与结果进行比较，体现改革效率。二是经济性。改革关键在于行政审批制度

改革能否用最小的成本获得最大收益，改革评价要重视是否给企业和群众带来切实的收益，人力与资金的投入能否真正满足服务对象的需求。该原则对应以审批部门为对象的指标，政府在人财物等资源投入中主要反映改革的行政成本，而由于上级政府并不是无偿向下级提供资源，经济性成为上级分配资源的重要依据。三是可行性。可行性指通过履行其职责表达出来的治理手段是否满足行政相对人的需求，通过满足了人民的合理期望表达出来的治理方法是否有相应的配套制度保障实施。当该机构通过各类行政活动把资源转化为结果后，结果的有效性是企业和公民最先关注的问题。四是公平性。行政审批制度是因社会利益结构不平衡而提出的要求，涉及不同群体间的利益平衡与划分，政府应该把公共利益作为利益平衡点，解决行政审批片面服务于行政意志的“单峰偏好”问题。公平性高度对应以公众满意度为特征的评价指标。行政审批制度改革最大的受益者是社会公众，从“顾客”视角推进行政审批制度改革，公众的满意度是社会公众对改革绩效感知结果的反应，反映了公众对政府进行问责的价值取向，弥补了传统政府内部考核可能出现的“护短”等缺陷，进而一定程度上解决逆向问责的问题。

（二）基础：绩效评价的阶段

改革是动态推进的，行政审批制度改革绩效评价亦是一个动态变化的过程，需要基于勾勒改革绩效产生过程来揭示组织的行为活动与组织绩效之间的对应关系，从遍历绩效产生过程的角度来搜寻所有可能的绩效维度。作为西方国家政府厘清绩效评价逻辑的重要工具，逻辑模型也称为逻辑框架，是美国国际开发署在1970年开发并使用的一种项目开发、计划和评价的工具，目前在西方政府绩效评价中得到广泛应用。它强调在各利益相关主体需求的作用下，任何组织依据绩效产生过程中的逻辑关系都可分解为投入、活动、产出、结果、影响等系统运作过程要素，这些要素组成绩效产生的“因果关系链”，[①] 该链上的每一个节点都

---

① Ellen Taylor Powell. The Logic Model：Program Performance Framework [EB/OL]. http：//www. uwex. edu. /February. 2001.

能直接或间接地影响到改革绩效。聚焦行政审批制度改革实践绘制改革的预期路径：投入是指改革过程中所消耗的人财物等资源；活动相当于管理，是改革机构通过内部结构重组和流程优化而获得的管理和服务能力；产出是指改革所产生的所有输出和提供的服务；结果是这些输出直接或间接产生的效果；影响是指改革对公众或企业的后续影响。虽然因果关系链中的产出和结果存在一定差异，但二者具有高度的相关性，很难完全区分开来，因此本研究不再对产出和结果两要素加以区分，统称为产出要素。

（三） 核心：绩效评价的对象

作为我国全面深化改革的重要内容，行政审批制度改革绩效不仅涉及法律意义上的行政主体——政府，[①] 亦包括企业和公民[②]等多元主体。根据投入、活动、产出、影响阶段的改革重点与受绩效影响的主体差异，进一步将行政审批制度改革绩效划分为政府组织内部管理绩效与行政相对人感知绩效。前者强调行政审批制度改革是“政府的自我革命”，政府是主要的改革推动者。行政审批制度改革绩效的评价对象为行政审批局、政务服务中心、拥有审批权限的各级政府部门的本级工作人员或上级部门的工作人员，关注改革成本、行政系统内部优化程度、行政观念转变等方面。后者强调企业等市场主体作为行政审批制度改革的感受者和体验者，改革绩效的评价对象主要包括行政审批事项所服务的市场主体感受度与政务服务事项所服务的公民个人感受度，关注改革的感受度、满意度等内容。

（四） 落实：绩效评价的主体

评价服务特定的目的，本质上具有主观性，多元的评价主体成为影响评价公信力的重要工具。行政审批制度改革绩效评价的主体既可以是官方的（政府内部的组织或个人），也可以是非官方的（如政府外部的研究机构、学术团体、高等院校、专家学者等）。为保障评价落地，将

① 王敬波：《面向整体政府的改革与行政主体理论的重塑》，《中国社会科学》2020年第7期。

② 张紧跟：《公民参与地方治理的制度优化》，《政治学研究》2017年第6期。

行政审批制度改革绩效的评价主体主要界定为三类。第一类是政府部门。改革绩效评价涉及审批事项、审批环节、审批时间等多方面内容的评价，评价主体需要具备较强的专业性与科学性，政府工作人员作为改革的主要推进者，应作为绩效评价的首选主体。因此，新一轮行政审批制度改革绩效的评价主体主要包括行政审批局、政务服务中心、拥有审批权限的各级政府部门的本级工作人员或上级部门的工作人员。第二类是第三方机构。第三方机构独立于政府和市场主体之外，与政府组织没有隶属关系，以“结果导向”进行评价，且拥有独立运作的、公开透明的评价过程；[①] 同时，第三方机构拥有评价所需的专业性人才及技术工具，[②] 绩效评价涉及权力与流程等问题，可吸纳法官、律师等专业人才，冲破单纯代表政府和市场的评价主体的单向性。第三类是公众。“公众评政府”是建设服务型政府的主要途径，正如马克·霍哲所说：“公民参与可以将事实与价值结合起来而增加评估指标体系的关联性。”行政相对人作为行政审批制度改革的切身感受者，其服务质量与服务效率满意度对改革绩效评价也有重要的影响。[③]

四、行政审批制度改革绩效评价的指标体系

（一）维度划分

行政审批制度改革是我国行政管理体制改革的重要内容，体现社会主义市场经济发展的要求。行政审批制度改革作为行政改革的子项，其目标是一致的，即优化行政系统、减少财政支出、转变行政观念、提升行政效率、增强政府公信力。绩效评价最终服务于改革发展，改革目标亦是改革绩效评价的维度。同时，改革中每个阶段重点不同，其绩效产

① 马亮：《大数据时代的政府绩效管理》，《理论探索》2020年第6期。

② 尚虎平、孙静：《失灵与矫治：我国政府绩效“第三方”评估的效能评估》，《学术研究》2020年第7期。

③ 彭云、马亮：《“放管服”改革视域下的政务服务“好差评”制度——中国省级政府的比较研究》，《行政论坛》2020年第6期。

生的内容也因阶段而异，作为实现绩效评价目标的技术工具，指标体系需要从因果关系链的不同位置有针对性地界定评价维度。以行政审批制度改革过程为逻辑起点，将行政审批制度改革的五个目标作为维度，用以综合评价行政审批制度改革绩效状况。

作为投入阶段的对应维度，减少财政支出反映的是改革进程中通过优化行政流程、健全行政体制改革等措施，减少政府在履职与责任产生的支出等方面的支出。作为活动阶段的对应维度，行政系统优化反映的是审批机构与审批人员在行政审批制度改革过程中体现的行政体制的优化效果，各类政府机构的设置差异很大，需要结合机构性质、具体运作状况来考察；转变行政观念反映的是审批机关在提供审批服务方面转变为主动服务、提前服务、法治服务等服务意识的效果。作为结果阶段的对应维度，提高行政效率反映的是地区在行政效率的提升方面采取个性化措施，在审批事项的下放、取消与调整、审批时限的减少、审批成本的降低等方面改革的成效。作为影响阶段的对应维度，增强政府公信力反映的是与客观评价互补互证的公众满意度评价，直接影响政府对民众的凝聚力、号召力及影响力。

（二） 指标设计

减少财政支出、基于优化行政系统、转变行政观念、提升行政效率、增强政府公信力维度的选择界限，归集与抽象行政审批制度改革的理论与实践路径，形成15个一级指标、49个二级指标的行政审批改革绩效评价指标体系。指标的选取聚焦以下方面：首先，选择切实反映改革绩效易获取的指标。评价指标不可能直接涵盖行政审批制度改革绩效的方方面面，应该以结果导向和公众满意度导向为基础，选择体现投入与产出绩效过程、数据结果较易获取的关键指标，达到评价的可操作性、高效性、可信度。诸如“行政观念转变”一级指标对应的“民本意识”的二级指标中，三级指标遴选的理想方案是“改革方案征求公众意见的程度”，但是由于该项指标的可行性难以保障，进而细化替换为“公开征求意见”，释义为“改革文件通过听证会等形式已征求公众意见占改革文件需要征求公众意见的比例”。其次，绩效指标要涵盖重要内容，提升改革评价的全面性。行政审批制度改革绩效属于政府公共管理成效的一部分，因其在政治与经济社会中呈现出多重性与复杂性的特点，改革绩效指标体系应该凸显全面性与开放性，系统地反映行政审批的本质特征与目标要求，使评价结果真正体现改革成效，防止定位目标的偏离。同时，在政策层面，评价过程必须合法合规；在技术层面，需要采用具备足够共识度与沟通度的评价方法，评价指标相关的数据信息、收集的可操作性与指标体系本身的可行性。最后，基于评价者的中立性对不可量化的情况予以充分考虑，尽管公众的偏好与反馈的技术尚不成熟，但主观指标的评价对评价结果发挥不可替代的影响作用，应将主观评价指标与客观评价指标相结合，增强改革绩效评价客观性。

（三）指标释义

1. 减少财政支出

减少财政支出维度中包含基本支出和项目支出 2 项一级指标，基本项目衡量的是改革日常运营支出，而项目支出衡量的是改革特殊支出，确保财政支出指标测评的全面性。基本支出是指审批局为保障机构正常运转、完成日常工作任务而发生的各项支出，包括基本工资、津贴补贴、奖金、社会保障缴费、其他工资福利等人员经费；办公费、印刷费、邮电费、差旅费（除三公经费外）、培训费、工会经费、其他商品和服务支出等日常公用经费；因公出国（境）经费、公务车购置及运行费、公务招待费等“三公”经费 3 项二级指标。项目支出是指单位为完成特定的行政工作任务或事业发展目标，在基本支出之外发生的各项支出，包括小型设备购置费、修缮费等基本建设支出；有关事业发展专项计划、专项业务费等专项计划支出；大型修缮、大型购置、大型会议等其他基本型支出 3 项二级指标。

2. 优化行政系统

优化行政系统维度中包含审批机构与审批人员等 2 项一级指标，主要反映机构性质、职能设置等方面的效果。审批机构设置的合法性与职能配置的合理性是行政系统优化的基础，包括审批事项受理、审查、决定等环节职责明确度；领导职数占比；机构编外人员占比；是否有人员聘用制度、审查细则、岗位目标职责制度、项目管理制度、首问责任制、容错免责制度、监督评价机制等管理制度；审批系统整合度等 5 项二级指标。审批人员作为改革的具体实践者，其工作效率与服务质量是系统优化的关键，包括完成工作任务的数量占应完成工作任务总量比例的工作效率；办件出现差错、得到投诉的事项占已办件总量比例的异常办理率；因非客观原因，未能按法定时限办结的事项占已办件总量比例的超时办结率；依据法定环节进行审批的事项占已办件总量比例的程序规范率等 4 项二级指标。

3. 转变行政观念

转变行政观念维度中包含服务意识、法治意识、民本意识等 3 项一级指标。服务意识是政府推进行政审批制度改革增强政府公信力的关键举措，包括是否推行延时服务；是否推行代办帮办；是否推行 24 小时自助服务；是否推行“前台综合受理、后台分类审批、统一窗口出件”的一窗式服务；是否推行邮寄方式向申请人出具或邮寄文书、颁发行政许可证件的邮寄服务等 5 项二级指标。法治意识是指行政审批制度改革运行的合法程度，包括是否有权力清单、责任清单、清单公开平台、动态调整机制的权力清单机制；是否有在实体大厅和网上服务平台按照信息公开要求公开政策法规、规范性文件的法规信息公开规范；政府机关制定的规范性文件在公布后 30 天内报送备案占所有规范性文件比例的规范性文件备案率等 3 项二级指标。民本意识是指改革推进要坚持以人民为中心的发展思想，包括改革文件通过听证会等形式已征求公众意见占改革文件需要征求公众意见比例的公开征求意见率；是否定期开展企业座谈会；政府信息依申请公开答复的数量占公民申请公开信息总数比例的依申请公开按期答复率等 3 项二级指标。

4. 提高行政效率

提高行政效率维度中包含审批事项、审批时限、审批材料与审批成本 4 项一级指标，审批事项的取消、下放、调整等的数量直接反映效率的增减情况；审批时限、审批材料与审批成本的减少也有利于工作人员提升服务效率。审批事项方面，包括是否依据法律、行政法规、地方性法规、地方政府规章设立审批事项的事项合法性；年度线上审批事项办结比例占办结总事项比例的网上申办率；可全程网办的事项占总事项比例的全程网办率；可异地办理的事项占总事项比例的异地可办率；办事次数为一项的事项占总事项比例的一次办结率；审批事项需二次录入审批系统的事项数量占总事项比例的二次录入事项率等 6 项二级指标。审批时限方面，包括年度承诺时限减少的事项占总事项比例的承诺时限减少事项率；在承诺时限之前审批完成的事项占总事项比例的提前办结率；同一审批事项，审批时限多于（本省内）同级审批部门的事项占总事项比例的多于同级部门事项率；科学挤压行政审批中不计时环节时限的事项占总事项比例的非法定审批时限减少事项率等 4 项二级指标。审批材料方面，包括申请材料减少的事项占总事项比例的材料减少事项率；可线上提交材料的事项占总事项比例的材料线上提交率等 2 项二级指标。审批环节方面，包括是否联合踏勘、验收；审批环节减少的事项占总事项比例的环节减少事项率；是否推行视频踏勘等环节创新等 3 项二级指标。

5. 增强政府公信力

增强政府公信力维度包含政策法规满意度、信息公开满意度、政务服务满意度等 3 个一级指标。反映企业对行政审批制度改革的主观综合评价，帮助改革者了解企业对改革的关切点。政策法规满意度包括公众参与行政审批政策制定渠道的满意度；政策执行的稳定性与可靠程度满意度；政策制定的合法性程度满意度等 3 项二级指标。信息公开满意度包括信息公开的有效性与及时性满意度；对依申请公开信息的答复满意度等 2 项二级指标。政务服务满意度包括审批成本下降方面的满意度；审批时间缩短方面的满意度；审批环节减少方面的满意度等 3 项二级指标（见表 2）。

表 2　行政审批制度改革绩效的评价指标

维度	一级指标	二级指标
减少财政支出	基本支出	人员经费
		日常公用经费
		“三公”经费
	项目支出	基本建设支出
		专项计划支出
		其他基本型支出
优化行政系统	审批机构	环节职责明确度
		领导职数占比
		机构编外人员占比
		系统化管理制度
		审批系统整合度
	审批人员	工作完成率
		异常办理率
		超时办结率
		程序规范率
转变行政观念	服务意识	24 小时自助服务
		代办帮办
		延时服务
		一窗式服务
		邮寄服务
	法治意识	权责清单制度
		法规信息公开规范
		规范性文件备案率
	民本意识	公开征求意见率
		企业参与座谈
		依申请公开按期答复率

续表

维度	一级指标	二级指标
提高行政效率	审批事项	事项合法性
		网上申办率
		全程网办率
		异地可办率
		一次办结率
		二次录入事项率
	审批时限	承诺时限减少事项率
		提前办结率
		审批时限多于同级部门事项率
		非法定审批时限减少事项率
		材料减少事项率
		材料线上提交率
	审批环节	联合踏勘、验收
		环节减少事项率
		环节创新
增强政府公信力	政策法规满意度	政策制定参与性的满意度
		政策执行稳定性的满意度
		政策制定合法性的满意度
	信息公开满意度	信息公开及时性的满意度
		对依申请公开信息的答复满意度
	政务服务满意度	审批成本下降方面的满意度
		审批时间缩短方面的满意度
		审批环节减少方面的满意度

五、结论与讨论

行政审批制度改革作为简政放权重要的、传统的制度性工具，是政府与市场沟通的桥梁、是政府干预市场经济与管理社会的必要手段、是全面深化改革的突破口。行政审批制度改革绩效评价应聚焦改革发展的过程，因阶段改革重点不同，绩效评价需要依改革特点精准化测评。然而，在既有政府绩效评估指标体系的实然运用中，尚未精准考虑行政审批制度改革绩效评价的特殊性，往往与“好差评”、营商环境评价相混淆使用。其一，行政审批制度改革绩效评价的对象和主体区别于政务服务“好差评”的对象和主体。政务服务“好差评”是以行政相对人为评价主体、以政务服务机构服务的事项管理、办事流程、服务效率、服务便民度，政务服务平台的便捷性、完善性和工作人员的服务态度、服务水平为评价对象的评价体系。而行政审批制度改革绩效评价内容除了对机构的基础设施、服务态度等方面满意度进行测评外，还需要从简政放权、法治化程度等方面对政府自身改革等方面进行测评。同时，评价主体除政务服务对象外，还应包括政府、第三方机构等主体。其二，行政审批制度改革绩效评价指标与营商环境评价指标的内容有交叉但并不等同，两者不能互相替代。国内外营商环境评价指标涉及企业全生命周期的法治环境、政务环境等内容，指标体系未能全面准确地测量行政审批制度改革的绩效。例如，世界银行构建的营商环境评价指标体系，该体系中的10个一级指标，仅有“开办企业”“办理施工许可证”2个指标涉及行政审批制度改革绩效评价。

本文以行政审批制度改革绩效形成过程为逻辑起点，立足于行政审批制度改革的目标和绩效生成的阶段逻辑，提出包含优化行政系统、减少财政支出、转变行政观念、提升行政效率、增强政府公信力5个维度的指标体系，改变已有行政审批制度改革评估过于侧重于服务满意度为主的倾向，借助绩效评价的导向作用，鼓励政府、市场等多元主体关注行政审批制度改革背后政府职能转变的情况，由内而外真正推进政府治理能力的现代化。此外，依托改革绩效生成的逻辑模型，在一级、二级指标选取上兼顾过程性指标与结果性指标，构建出定量与定性分析相结合、主客观评价的互补互证、内部考评与外部评价有机统一的改革绩效评价体系，有助于政府及其他主体把握行政审批制度改革过程中短期、静态和长期、动态的关系，了解当地改革成效及存在的问题，倒逼改革主体积极作为。

本研究构建的行政审批制度改革绩效评价指标体系仍处于尝试推动研究的初步探索阶段，主要着眼于普遍性的评价框架搭建，但两者机构性质等方面都有所差异：行政审批局是依法设立的，整合审批职权、事项、人员编制，承担审批职能与法律主体责任的政府机构；政务服务中心是将各个部门的审批权归集到一个办公场所的“物理集中”机构。基于此，一套行政审批机构改革绩效的评价指标并不适用于所有评价对象，对不同对象的评价需要对评价指标进行调整。在后续的使用中还需要针对具体部门和服务作进一步的修正和细化，以方便取得更具代表性和操作性的数据。指标体系的构建是为了增强改革绩效评价的有效性，进而作出针对性改进，因此下一步研究也应集中在指标权重、专家咨询和指标检验、采集与分析数据、得出并运用评价结果等方面。

深化行政治理改革的重点任务

刘海军*　丁茂战**

【摘要】党的十八大以来，我国行政体制改革取得了举世瞩目的成就，总结出一系列可被推广复制的经验，为加快推进政府职能转变、构建现代政府治理体系奠定了良好基础。党的二十大擘画了基本实现现代化、全面深化改革等一系列重大战略规划，对行政管理向行政治理演进提出了新的更高要求。从有为政府建设和政府职能角度看，坚持党的领导、政府主导、政策指导、创新引导、群众督导等几个方面，是更好把我国制度优势转化为治理效能的优化路径，也是破解行政治理改革诸多难题的有效尝试。为此，必须在党的全面领导下把握行政治理改革的正确方向，着力协调好党和政府、政府与市场等各类关系，积极鼓励地方性改革试点，在技术驱动下创新政府治理模式，稳慎有序推进行政区划调整，贯彻全过程人民民主，努力打造人民满意的现代化政府。

【关键词】行政体制改革；治理；党的二十大；现代化；改革

习近平总书记指出："完整、准确、全面贯彻新发展理念，既要以新发展理念指导引领全面深化改革，又要通过深化改革为完整、准确、全面贯彻新发展理念提供体制机制保障。"① 党的十八大以来，我国深化经济体制改革、行政体制改革，全方位改革与中国式现代化同频共振，

---

* 刘海军，中央党校（国家行政学院）信息技术部调研员。

** 丁茂战，中央党校（国家行政学院）报刊社原总编、《行政改革内参》主编。

① 习近平：《全党必须完整、准确、全面贯彻新发展理念》，《求是》2022年第16期。

行政体制改革在新的历史方位上不断深化，实施了许多突破性举措，取得了历史性成就，为新时代中国特色社会主义事业发展提供了体制保障。[①] 理论创新方面，关于行政体制改革的重要论述丰富了习近平新时代中国特色社会主义思想，为政治学、行政学等领域研究明确了新的方向；实践创新方面，国家行政体系日渐成为将我国制度优势更好转化为治理效能的支撑力量，地方案例为优化完善相关制度体系积累了优质素材，实践促进改革的作用更加明显。但与此同时，国际形势变幻莫测，诸多不确定性因素持续影响我国经济社会正常发展；新一轮科技革命和产业革命引发人类生产生活方式巨大变革，对现有制度体系和治理模式带来全新挑战。国内发展则是迎来重大战略机遇期，全面建设社会主义现代化国家的路线图更加清晰，时间表更为紧迫，对各领域各方面改革提出更高要求；以优化营商环境为主的行政体制改革依然面临诸多阻碍，数字政府建设还处于起步阶段，国家行政体系与国家治理体系和国家治理能力现代化总体目标仍有较大差距。

2022 年 10 月召开的党的二十大，聚焦基本实现现代化、全面深化改革等一系列重大战略作出部署，为应对百年未有之大变局、实现第二个百年奋斗目标指明方向、明确任务。国家行政体系是衔接上层建筑与经济基础的重要纽带，现代化的行政治理体系更加有利于加快我国制度优势向治理效能转化。为此，必须坚持不懈以习近平新时代中国特色社会主义思想为指引，瞄准国家战略需要和人民群众“急难愁盼”问题，综合运用政治、经济、科技等多种举措，持续推进行政治理改革，进一步转变政府职能，打造更加完备的制度体系和运行机制，构建与国家治理现代化相匹配、与现代经济体系相适应的现代化政府治理体系。

一、理顺党和政府关系

我国行政体制改革的主要经验之一，就是坚持在党的领导下推进各

① 王满传、孙文营：《百年来党领导行政体制建设和改革的历程、成就和经验》，《中国行政管理》2021 年第 12 期。

领域各方面改革，不断优化党政关系、党群关系、政府与市场关系等一系列复杂关系。尤其是2018年的党和国家机构改革，更是大刀阔斧、“刀刃向内”的深度变革，进一步明确了党对经济社会各方面工作的领导，将各级党的领导机关从事务性工作中解放出来，将更多精力倾注于方针、政策的制定和引导上，总的看来效果明显，党的领导制度在各个部门和大多数地区得到了非常好的贯彻落实。但另一方面，经过几年实践，党政关系离国家治理现代化的目标要求仍有一定差距，党的领导制度体系不断完善，但制度优势和治理效能却没有大范围如期彰显。

具体表现为，宏观层面党与人民代表大会的关系仍在调适之中，各级各地融合程度不尽相同，中央好于地方、省级好于市、县级，内陆城市强于沿海地区等。党与人民代表大会的关系是党政关系中最基本、最基础的关系，理顺党与人民代表大会的关系是解决其他关系的前提和基础。就中观层面而言，党与“一府两院”等政府行政机构的关系总体上也没有形成一种权责明确、边界清晰的均衡态势，党在发挥全面领导作用的同时，经济治理、社会管理等功能相对不足，党的领导常常被限制在意识形态、干部教育等领域。甚至普通群众根本分不清地方上党和政府有何区别，遇到问题该找哪个部门或哪个机构往往“摸不清路数”。比如城市管理委员会与城市管理综合执法局有时都被统一认为是城管部门等。具体到微观层面，则集中反映在党员干部与各级行政机构内部工作人员的关系也不是很顺畅，由于人事制度改革仍然在路上，党政交叉任职、党内职务与行政职务级别划分与职能区分等问题还没有形成制度化共识，导致在处理具体事务过程中党政关系交织难分。比如有些国家机关纪委书记、常务副书记常年由行政领导兼任，一些内设机构党委书记和部门领导也多由一人兼顾等，实际工作中存在以行政命令代替党的指令等问题，出现党的领导“令箭高悬”、上党课或组织党日活动就算落实了党的制度等错误认识。以上三个层面的表现，折射出党政关系仍是当前和今后一段时期加强和巩固党的领导必须认真面对和正确处理的重要问题，必须从完善制度、健全机制、改革体制、优化编制等方面

“下狠劲”“动真格”“见实效”。

党的领导制度是我国的根本政治制度。但有数量众多的学者和领导干部认为根本政治制度应该有两个：即党的领导制度和人民代表大会制度，这也是导致宏观层面党政关系不清的根源所在。为此，必须从根本政治制度的源头厘清思路，以“法”的形式将党的领导制度的地位作用更加明确和强调，并且通过教育宣传等手段普及这一理念，确保从思想观念上接受党的领导的权威性和唯一性。制度完善之后必须落实，关键在于配套政策和运行机制，中观层面优化党政关系的出路还是要放在行政体制改革上，最直接的举措便是将党的组织机构“实体化”和“常设化”，尤其是中央和省级机关中党的工作部门要与行政部门在级别上、职能上尽量“一视同仁”，在“三定方案”里明确党组织的隶属与权责等。

落实党的领导的具体实践是党的建设，以往党的建设与党务工作在很大范围内没有严格区分，存在一种“抓党务就是抓党建、抓好党建就是加强了党的领导”的狭隘观点。直接后果便是将党的领导具象化、简单化、孤立化，出现党的建设与日常工作“两张皮”，很难将党的领导深度嵌入和有机融入。为此，一方面，要将党建质量与部门工作质量统一评估考量，以国有企业和中央及省级机关党建高质量发展为试点和重点，先行探索党建引领高质量发展的方法路子。另一方面，要加快干部制度改革和政府职能转变，有效解决党政关系最末端、最前沿的现实问题。就人事制度而言，党政关系反映在党政不同机构和职位上，体现在官员的任职期限和流动状况上，可以采取干部能上能下、党政机构交流任职、跨党政领域兼职等举措，增强党政机构交融度，减少微观层面党政关系的冲突与矛盾。党政关系会随着国家治理现代化进程不断变化，相应的调整优化也将相对变化，总之没有绝对“完美”的党政关系。唯有持之以恒坚持和巩固党的领导制度，加快制度优势向治理效能转化，方能减少关系调适过程中带来的不良影响。

二、加快政府职能转变

国家行政体系更加完善，政府作用更好发挥是新时期我国经济社会发展的主要目标之一，在进一步理顺党政关系的前提下，如何更好发挥政府作用、加快政府职能转变是我国行政体制改革的主要任务和具体策略。改革开放以来，经过八次行政体制改革，我国政府职能加快转变，政府作用更加有效，但由于以往改革的深度、广度不足，政府职能仍与人民群众需要和现代化建设要求存在差距。特别是在疫情防控、自然灾害处置等突发事件中，各地政府作用发挥不稳定、治理效能未能实时体现，对调整政府职能定位提出更高要求。政府作用有效发挥，就是解决好政府应该做什么、如何可以做好等问题，重点依然在于处理好政府、市场、社会的关系，即哪些事由市场、社会、政府各自分担，哪些事应该由三者共同努力。党的十八大以来，我们坚持以“放管服”改革破发展难题、优营商环境，用“放管服”改革办法提升宏观政策效能，通过退税减税降费直达机制帮扶各类市场主体等，成为应对冲击、推动经济持续前行的重要举措。

“放管服”改革实际上是放开搞活、促进公平竞争，为群众经商办企业或开展其他经济活动提供更多自由和便利。但从实际情况看，许多地方改革的力度和深度还不到位，政府作用发挥还没有得到群众认可，政务公开、信息治理、新技术应用能力仍然遭到“诟病”，离现代化目标相去甚远。从行政体系建设看，当前一些领域仍然存在党政机构重叠、职责交叉、权责脱节等现象；一些政府机构设置和职责划分不能满足社会发展需要，人浮于事、多重审批、职责缺位与效能不高等问题较为明显，“九龙治水”与“三不管”事件时有发生，权力清单、责任清单制度未能有效落实；政府越位、错位、缺位等问题还在较大范围内存在，“放管服”改革和优化营商环境效果存在地区差异，还没有形成均衡发展的良好局面。数字化转型党口不如政口，政府差于社会，通过公私合营等方式提供公共服务时，存在政府部门“不懂装懂”“遥控指挥”“充当甩手掌柜”等现象。总的来讲，政府职能未能完全适应国家治理现代化需要，行政体制改革效能短期内未能释放；官僚主义、形式主义之风仍然没有得到根治，政府与市场、与社会组织、公民等的关系仍需优化调整。

发挥政府作用的前提和关键，就是要持续推进政府职能转变，即在坚持党的全面领导下，以解决社会主要矛盾为目的，明确好政府定位，处理好政府与其他治理主体的关系。具体来讲，就是通过系统性调整党和政府机构及其职能设置，解决党政关系和部门内部关系；通过构建现代化经济体系发挥市场作用，调节政府与外界关联的对外关系；依托现代财政制度等，形成权责清晰、财力协调、区域均衡的中央与地方关系。① 还要进一步加大政治引领力，加强法治政府建设，各级政府必须在法治轨道上开展工作；强化经济吸引力，培养政府的经济治理能力和市场行为习惯，会用多用市场手段解决公共服务、环境保护等治理难题；激活社会生命力，以为人民提供更加优质的公共服务和公共产品为旨归，以满足人民群众对于美好生活的需求为目的改进工作；彰显技术支撑力，注重现代技术手段在行政领域的普及应用，加快政务信息公开，优化审批监管流程，畅通群众参与渠道，着力提高政府治理效能。

政府处理好各种关系的重点，在于如何正确行使公共权力，因而合理确权便显得尤为重要。其中一项重要工作便是建立健全权责清单制度，进一步明确政府职责外延，这也是构建职责体系的基础性制度设计和过渡性制度创新。② 今后，有为政府建设仍需推进行政体制改革，不断优化运行方式。一是加快调整机构设置与运行规则，更好适应现代经济社会发展需要。可以借鉴军队改革的成功经验，持续推进政府大部制改革，打造服务型政府，提高政府资源利用效率，简化工作流程，完善运行体制。二是将“放管服”改革落到实处和细处，深入基层调查研

① 包国宪、周豪：《从转变政府职能到优化政府职责体系：中国行政体制改革的视角转换与分析框架》，《理论探讨》2022 年第 2 期。

② 朱光磊、锁利铭、宋林霖等：《构建中国特色社会主义政府职责体系推进政府治理现代化（笔谈）》，《探索》2021 年第 1 期。

究，切实掌握各地改革成效，借助第三方评估、社会力量考核等手段，及时总结前期成果和经验，继续将简政放权置于现代行政体系构建的大背景下，细化优化权力清单、责任清单等，确保各级政府“做该做的事”“做好该做好的事”。三是从中央到地方逐级完善权力监督机制，确保工作职能、规章制度、配套法规、运行机制及时跟上，形成靠制度管权、依职责管事、按绩效管人的长效机制。四是推行以人民为中心的政府绩效管理模式，实现科学执政、依法执政与绩效执政相统一，以人民满意度为标准检验政府作用效果和治理效能，以共同富裕为目标引领各级政府更好履行职责。

三、优化基层治理体系

我国行政体制改革的另一个重要经验，就是始终坚持中央统一规划与地方实践创新相结合，既有自上而下的改革，也有由下往上的创新。国家行政体系的更加完善，将形成巨大的行政管理整体优势、综合优势，进而真正彰显中国特色社会主义的制度优势。[①] 党的十八大以来，党中央成立了全面深化改革领导小组，统筹推进相关领域改革工作，审议引领重要领域的行政审批改革，确保改革产生化学反应，形成制度合力。2013 年起，国务院每年召开一次转变政府职能专题电视电话会议部署工作，从顶层设计上持续保障行政审批制度等改革高位推动。另外，省级及以下政府获得更多自主权，探索出一系列具有地方特色、可被推广复制的政府治理新模式。比如北京市“接诉即办”基层治理，在多个省份普及的“网格化”社区管理，发轫于浙江省的“最多跑一次”审批等。总的看来，中央统一规划更有利于整体推进，地方探索则更易催生新的政府治理模式。

我国国家治理的重点领域和作用末端在于基层，尤其是城市社区和乡镇农村，我们长期施行基层自治制度等，取得了较为明显的治理效能。但由于我国存在地区差异，各地经济社会发展水平不同、历史形成

① 许耀桐：《准确把握“国家行政体系”的内涵意旨》，《国家治理》2020 年第 46 期。

的矛盾和问题不同、政府的作用发挥也就不同，因而在有关政策推行过程中，便容易出现传导力度不一、效果强弱不均等情况。政府作为国家公共政策执行的专门机构，体制机制是影响公共政策从“最先一公里”到“最后一公里”运作成败的重要制度安排。[①] 而我国长期按照职能划分、实行条块分割管理，继而形成的各行政层级之间、垂直部门与地方政府之间、各地方政府之间、政府各部门之间、行政业务之间的离散分割状态，迫切需要面向整体政府的深化改革与行政体制的优化完善。

长远来看，行政体制改革是党和国家对建设什么样的政府，以及怎样建设政府因时制宜作出的系统性回答。[②] 法治、德治、自治、智治、党建引领等举措，都在治理活动中发挥着各自的政治功能，已经成为基层治理不可或缺的重要组成部分。行政治理体系是凝聚这些重要力量的框架或者龙骨，是集聚各项治理手段优势的体制基础。在国家统一的改革部署基础上，地方改革可以在不触动现有政府层级安排的情况下，优先改变原有组织功能及其工作机制。通过一系列切实可行的渐进式变革，实现人员、资源、权力等下沉到治理活动最前线，即街道社区或者乡镇农村，实行更加扁平化的二级决策体制与管理机制，比如仅保留市级政府和街道（乡镇）级政府等。[③] 地方政府体制改革与基层治理体系优化，仍将成为今后我国行政治理改革的重心。

为此，一是要将党的领导继续向基层延伸和深度嵌入，加大党内法规落实检查力度，夯实基层治理中党的权力和职责；落实好党中央《关于推动党史学习教育常态化长效化的意见》有关要求，把党史学习教育成效转化为党政领导干部干事创业的动力、举措和成效，满怀信心奋进新征程、建功新时代。二是要加快转变地方政府尤其是市、县政府职能，在深化“放管服”改革背景下，进一步优化营商环境，在关键环节

---

① 陈振明、吴勇锋：《中国公共政策执行的实践优势与制度逻辑》，《科学社会主义》2021 年第 4 期。

② 丁志刚、王杰：《中国行政体制改革四十年：历程、成就、经验与思考》，《上海行政学院学报》2019 年第 1 期。

③ 李东泉、蓝志勇：《行政体制改革与基层治理能力提升》，《南京社会科学》2021 年第 4 期。

提升政务服务能力，打通“最后一公里”，将污染防治、社会保障等专门性公共事务交由社会专业机构，吸收民营企业、社会组织、志愿服务等力量参与社会治理。三是要全面推进信用治理，加强事中事后监管与社会信用体系建设，继续推行黑名单制度、联合奖惩制度等，促使各类信用主体不能失信、不敢失信、不愿失信，逐步形成政府主导、社会参与、群众监督、数据支撑的现代化基层信用治理格局。四是要在融合发展中不断创新，将村规民约、城市公约等德治举措，提炼为普遍适用的具体制度，因地制宜推进党的领导下的法治德治自治融合新模式。加强府际信息共享，对于可共享的信息不再要求重复提交材料，可走内部流程的直接通过内部交换，更加清晰地明确各级各部门权责，更好地实现口径一致、标准统一，避免政出多门、数据多样；鼓励技术先进企业免费提供信息服务，构建全国适用、功能复用、数据共用的基层治理大数据应用平台等。

四、加强数字政府建设

习近平总书记强调：“全党同志一定要适应新时代中国特色社会主义事业发展进程，牢牢把握完善和发展中国特色社会主义制度、推进国家治理体系和治理能力现代化的总目标，统筹推进各领域各方面改革，不断推进理论创新、制度创新、科技创新、文化创新以及其他各方面创新。”① 在贯彻新发展理念、推动高质量发展进程中，各级政府在已有改革基础上，积极利用一切创新举措和全方位改革，加快政府数字化转型，着力破除制约中国式现代化发展的体制机制弊端，为全面建设社会主义现代化国家提供更多动力。党的十八大以来，我国加快推进“最多跑一次”“一网通办、一网统管”等新型治理模式探索，实现了电子政务向数字政府的演进之路，数字政府这一新型政府样态，已经成为推进我国政府职能转变、构建现代行政治理体系的重要路径。

但同时，由于我国各地在经济实力、社会资源和开放程度等多方面

① 习近平：《在党的十九届一中全会上的讲话》，《求是》2018年第1期。

存在明显差异，导致数字政府建设不同地区各不相同，行政体制改革已有成效难以满足国际国内双循环发展需要。东部地区凭借在经济发展、专业人才、治理理念等方面的突出优势，数字政府发展的良好态势最为迅猛，中部地区借助中部崛起等政策紧随东部之后，而西部地区整体发展较为缓慢。与发达国家相比，我国数字政府建设依然沿用政府主导、企业参与的老路子，相应的思想观念并没有完全跟上，技术治理与传统管理的融合嵌入还存在许多梗阻，政府内部之间以及与外部之间数据交换仍然是个老生常谈的“新”问题。数据地位重视不够，数据更多被作为一种应用资源，主要还是在政府内部共享，只有很少程度地对社会开放。体制机制较为保守，协同治理难以奏效，各地建立的大数据管理局配套设立事业单位属性的大数据中心，通过采购或外包等方式由企业提供技术保障，其中可能存在层层分包和消化分解，也可能导致政府过度依赖企业，很难对政府本身“开刀”深化改革。对于跨部门数据共享问题的关注已日渐增多，但还没有针对性的实际举措，暴露出我国数字政府建设缺乏必要的制度规范，相应的政策试点向制度构建的演化之路仍然较为漫长。

目前来看，我国数字政府建设方面涌现出以广东省、浙江省和贵州省为代表的三大模式。即整体推进、管运分离的广东模式，以点带面、政企合作的浙江模式，以及国企操盘、数据融合的贵州模式。[①] 2022 年 6 月，《国务院关于加强数字政府建设的指导意见》发布，就主动顺应经济社会数字化转型趋势，充分释放数字化发展红利，全面开创数字政府建设新局面作出部署，也对各级政府推进行政治理改革明确了新的着力方向。不过，数字政府建设绝非天马行空的战略部署或单向的制度建构，而是基于特定历史方位、特定国家使命、特定发展需求，由不同主体绘制而成的全方位、交互式、立体化的改革画卷，归根结底是数字化转型在国家治理领域的嵌入、勾连与赋能。

---

① 朱锐勋：《政府数字化转型与电子政务深化发展面临的挑战与对策》，《行政管理改革》2022 年第 2 期。

为此，一是要进一步推动体制创新。优化政府管理体制，成立城乡各级统一的主管机构，开展跨层级政府数字化统筹建设，明确并细分各职能部门职责，对政务数据、管理标准与使用要求等整体规划。完善各部门数据高效开放共享机制，对群众密切关注的公共服务领域，逐步实现政务数据开放，为经济发展与民生服务提供数据支撑。二是要进一步推动制度创新。以法律为基础构建数字政府制度框架，辅以政策、规章和规范等，形成完善的数字政府制度体系，试点机关事务领域成立专门的数字化建设领导小组，在地方政府相关部门增设专门技术处理和研究机构等，通过智能化、制度化变革提高数字政府绩效。三是要进一步推动领导创新。各级政府要积极争取高一级党和政府及高层领导支持，比如成立高级别领导小组，由“一把手”担任总指挥，使数字政府建设成为真正的“一把手工程”等，最大限度调动各方资源，有效激发各级工作人员积极性，为数字政府建设提供强有力的组织保障。四是要进一步加强数据治理。通过宣传教育等传统手段提高党员干部数字素养，逐步提高政府数据资源管理能力与应用水平。明确不同类型数据的确权归属，在一定范围内建立数据分级分类制度，结合现代经济体系构建等重点任务，推进数据要素市场化进程，构造完整的数据产业链，提升政府数据驾驭能力。

五、推进行政区划调整

习近平总书记指出，要提升行政区划设置的科学性、规范性、有效性，确保行政区划设置和调整同国家发展战略、经济社会发展、国防建设需要相适应。① 这明确了国家行政区划调整的基本依据和总体思路。行政区划是为了实现国家的行政管理、有效治理与现代化建设，而对国家领土进行的合理分级划分，适度的行政区划调整优化，有利于促进经济发展与国家治理。行政区划调整在不同时代背景下具有不同特征，但

---

① 《加快构建数据基础制度 加强和改进行政区划工作》，《人民日报》2022 年 6 月 23 日第 1 版。

实质都是在城镇化发展的不同阶段，对资源配置格局再调整的需求体现。科学合理的行政区划设置，也是城镇化战略、区域协调发展战略等国家战略有序推进的重要保障。我国长期保持着“中央—省—市—县—乡”五级行政区域的稳定结构，截至2022年底，全国共有省级行政区划单位34个，地级行政区划单位333个，县级行政区划单位2843个，乡级行政区划单位38602个。党的十八大以来，党中央加大对行政区划工作的集中统一领导，实时出台行政区划的改革方针与政策规定，支持地方根据自身发展需要调整行政区划，全国行政区划设置和调整工作总体稳慎有序推进。

长期来看，行政区划调整都会充分考虑区域资源优化配置，以期形成高效率的组织体系和行政体制。此外，我国所特有的行政区管理模式和经济模式短期内难以改变，一定时期内行政等级仍将是不同行政单元间资源配置的重要依据。当前，我国各类高等级城市和中心城市发展成本快速上升，房价高企、资源环境限制加大、群众幸福感不高、“大城市病”等问题日益加剧。因而从空间上寻找新的载体，用以承载新增农业转移人口，承担产业和功能疏解作用，降低转移人口的就业成本、落户成本和土地成本等，便成为行政区划调整以及新型城镇化发展的重要议题。在国家治理现代化的大背景下，我国现行行政区划对构建新发展格局、推进现代化建设的制约作用更加凸显，已经成为影响地方治理、特别是基层治理效能的体制“藩篱”，是制约国家治理体系和治理能力现代化的突出短板。而进一步优化行政区划调整，尽快破除地区之间行政壁垒，则是加快形成区域合力和全国统一大市场，实现不同区域及城市之间要素自由流动与有效配置的迫切要求。

目前来看，城市群、经济区等功能区迅速崛起，国家重大区域协调发展战略加快推进，城镇化进程从个别城市“单打独斗”步入区域一体化发展的新阶段。不过，城市治理中潜在的市政管理体制“条块分割”、跨区（市辖区）公共事务管理与公共服务供给不足等问题却逐渐显现，无形中为推进行政治理改革带来阻力。实际上，行政区划不仅是个简单的空间关系，更是一种复杂的权力关系。各行政区中资源要素按行政等级分配并逐级分流，等级越高的城市，获取资源的机会就会越多。这种权力不均的格局会因行政层级差异而产生明显“势差”，这也成为各地行政区划调整的直接动因，空间调整就是要实现不同行政区划之间优质资源的重新配置。虽然我国行政区划调整始终没有停步，但主要类型无非市制设置调整、市辖区行政区划调整、县以下行政区划调整以及多种手段变相的区划范围调整这么几种。以 2021 年为例，县以上行政区划变更 19 次，涉及撤县设市、撤市设区、撤县设区、并县设区等多种类型。从实际效果看，无论哪种程度的改进模式，区划调整的力度、广度和深度始终与国家治理现代化的要求存在较大差距，局部范围内取得的成效难以辐射拓展，更高层面和更深层次的行政区划调整呼之欲出。

为此，一是要推进省级行政区划调整。适当适度缩小省级行政区域面积，使各个省份区域划分更加符合科学治理原则，尽快与国际通行做法接轨；视情况撤销地市级治理这一层级，将空间重新布局与取消地区行政层级结合起来；同时，还可依托区域中心城市规划建设新的省级行政区等。二是要优化市级行政区划功能。在大中城市和省会城市中，相应地设置一级地方政府与市政府，实现对整个城市的集中统一管理；构建新型“市—区—街区”的“两级政府、三级管理”城市管理体制，将市辖区调整为多功能行政区，设立市政府派出机关履行相应职能；推行“街道政府化”管理模式，探索将街道办事处改为街区政府，将原来由市辖区政府承担的职能下移街区政府等。三是要创新中小城市培育模式。有针对性地建设一批中小城市，根据不同地区的不同特征，通过优化市制设置标准，推动形成承载农业转移人口的高质量城市。比如，加快解决东部地区经济强县和特大镇设市问题，适度降低对中西部地区较强县改市的经济、人口标准等。四是要加强配套制度建设。在《关于加强和改进行政区划工作的意见》指导下，系统优化设计各级行政区划调整的制度体系，不断提升制度设计的科学性、民主性和灵活性；研究制定新的行政区划设置标准，充分考虑区域性城镇体系优化导向、经济发展状况、人口空间规模、辐射带动潜力，以及与周边城市的空间距离等多重因素；建立市制设置标准动态调整机制，优化审批评估机制，建立被调整行政区域群众诉求表达机制等。五是要推行扁平化的行政管理体系。赋予城乡各级更多行政资源和发展空间，鼓励支持引导城市间、城乡间以多种协作联动方式，以更好地支持要素自由流动和资源高效配置为指引，循序改变与行政单元等级挂钩的逐级分配模式，切实利用行政区划调整举措优化行政治理体系。

六、保证人民当家作主

党的十九届四中全会提出，必须坚持一切行政机关为人民服务、对人民负责、受人民监督，创新行政方式，提高行政效能，建设人民满意的服务型政府。作为将我国制度优势更好转化为治理效能的主导者与执行者，各级政府肩负着下大力气增强各类制度吸纳力、制度整合力与制度执行力之重任。党的十八大以来，我们践行“江山就是人民，人民就是江山”的理念，坚持和完善中国特色社会主义行政体制，各级政府的“人民性”得到进一步强化，全心全意为人民服务的宗旨得到进一步彰显。党的十九届六中全会强调，要发展全过程人民民主，保证人民当家作主；必须永远保持同人民群众的血肉联系，践行以人民为中心的发展思想，不断实现好、维护好、发展好最广大人民根本利益等，更加突出了维护群众利益与发展全过程人民民主的重要地位。

人民群众参与国家治理和社会治理的热情和渴望进一步增强，对民主参与机制、制度转化方式提出更高要求。全过程人民民主的本意，是将中国特色社会主义民主政治贯穿国家治理全过程，在发挥作用和影响的同时，民主机制乃至民土制度也在不断进化完善，继而实现由民主全过程向全过程民主的嬗变。当前，我国全过程人民民主还有进一步提升的空间。一是全过程人民民主的具体实现机制有待完善。经过多年的制度建设，我国已经形成了基本完备的社会主义民主制度体系，但与全过程人民民主的要求还有明显差距，如民主权利保障机制有时仍停留在“纸面”、社会主义协商民主的运行质量有待提高、民主监督还不够到位甚至缺位等，全过程人民民主的制度设计尚未真正规范运行起来。二是全过程人民民主运行中群众民主权利行使的空间有待拓展。全过程人民民主的实践涉及多个系统、多个领域，不仅包括政治民主，还包括经济民主、文化民主、社会民主、生态民主等多维民主空间。但许多地方政府或官员在涉及国计民生的重大问题决策过程中，还存在对文化民主、社会民主等其他民主制度重视不够等现象，既不能及时听取群众呼声，作出的决策也不能充分反映民意，必然导致全过程人民民主难以取得实效。三是全过程人民民主的运行渠道有待畅通。现实中依然存在政治参与途径不多、存在梗阻甚至人为设置障碍等情况，导致群众参与深度不够、广度有限，极大地消减了人民当家作主制度优势和政府公信力。

我国具有的制度优势，是与其他国家相比的相对优势，只有切实转化为国家治理效能，方可成为真正意义上的绝对优势。党的领导制度、人民当家作主制度体系、民主协商制度等，都是人民群众参与的制度体系，是在党的领导下由政府主导，并整合各类治理主体、吸纳精英群众共同执行，通过公共政策、政府职能与社会互动等具体实践得以体现的。由于我国国家制度体系是历经多年革命实践，以及党和政府努力探索之后形成的，其内容之庞杂、内涵之深刻、内在之广博，并不是所有人都可快速理解、正常领会，无形之中也抬高了群众民主参与的门槛。党的十九届四中全会立足坚持和完善中国特色社会主义行政体制，从实行政府权责清单制度、改革行政审批制度、完善宏观调控制度体系等方面，细化了将制度优势转化为治理效能的决策部署，提出了政府治理现代化的战略路径。2022 年 3 月 11 日，《中华人民共和国地方各级人民代表大会和地方各级人民政府组织法》第六次修订，进一步明确了地方政府建设的原则要求，特别增加“地方各级人民政府应当坚持政务公开，全面推进决策、执行、管理、服务、结果公开，依法、及时、准确公开政府信息，推进政务数据有序共享，提高政府工作的透明度”“应当依法接受监督，确保行政权力依法正确行使”等内容，在强调加强政府绩效监督的同时，为推进政府主导下的全过程人民民主创造了新的机遇。

把人民民主充分体现到推进国家治理各环节各领域，既要融入各项制度的设计安排之中，也要嵌入人民意志充分表达的支撑保障之中，这就需要积极发挥政府在制度优势向治理效能转化过程中的主导作用。为此，一是要以“制度知识化”简化全过程人民民主的起点。全过程人民民主始于公共政策和国家制度初设之时，需要从制定给谁与由谁制定的两端入手，同时解决制度难点和执行痛点等问题。各级政府应设立专门的制度解读或解释部门，借助智库专家或较为成熟的人工智能技术等，将“晦涩”的制度文本转换为教科书、行动指南等通俗易懂、方便学习吸收的知识，为人民民主参与提供便利。由群众推选出知识水平高、理解能力强、实践经验丰富的代表，作为各级政府的参谋智囊，共同参与国家大政方针的制定、修订与监督，从源头上体现群众所想所盼。二是要以“机制合约化”驱动全过程人民民主的运转。全过程人民民主的核心要义，在于将民主融入政策施效与制度发力的政府工作全流程。从议题选定、方案形成到政策实施、反馈监督，政策制定的各个环节都需要与之匹配的民主参与机制发挥作用。如听证会议、专家评估等，以此确保政策的合法性与权威性。在机制运行过程中，人民群众与党和政府之间自然形成了彼此信任与合约约定，在相互作用和相互影响下促进政策有效执行。三是要以效能可视化彰显全过程人民民主的质量。在我国“放管服”改革推进过程中，政府行为往往聚焦于形成制度与制定政策，而制度评估环节却相对弱化。今后，要充分行使群众的意见表决权甚至否决权，将群众意见表达的权力制度化，对政府决策实现硬性约束，进一步增强政府管理的透明度，完善第三方政策评估等行业规制等。在以上各个环节综合作用下，某一制度最终将具化为实际治理效能落地，此时全过程人民民主的前一终点与新的起点合二为一，在制度优势转化为治理效能过程中，自然而然形成了政府主导下全过程人民民主的闭合回路，有效确保了人民当家作主。

习近平总书记强调，“十四五”时期是我国实现新的更大发展的关键时期。我们要增强机遇意识、风险意识，准确识变、科学应变、主动求变，勇于开顶风船，善于化危为机，为全面建设社会主义现代化国家开好局、起好步。[①] 到2035年基本实现社会主义现代化，到本世纪中叶把我国建成富强民主文明和谐美丽的社会主义现代化强国，必须持续深入各方面各领域改革。为此，行政治理改革要努力实现四个结合，取得四方面新的成效。一是从上到下与自下而上相结合，既注重统一规划也鼓励因地制宜。行政体制改革要与国家治理现代化同频共振，必须适应社会主要矛盾变化需要，重点突出优化营商环境等领域。二是制度完善与机制创新相结合，既注重创新发展也兼顾安全稳定。用党的领导优化党政关系，不断调适政府与市场关系，协调改进政府与社会关系，更好处理横向政府间关系等。三是党的领导与群众满意相结合，既注重质量评估也强调自我革命。在党的全面领导下调整改革的目标方向，在制度优势向治理效能转化中推进改革，在公共价值驱动下推进政府治理现代化，在人民群众的监督下验证政府治理效能等。四是理论创新与实践创新相结合，既注重现实应用也突出超前布局。加快政策试点向制度构建演进，加快地方经验向更广范围延伸，加快人民满意度衡量标准构建，加快实现政府治理体系现代化。

① 习近平:《新发展阶段贯彻新发展理念必然要求构建新发展格局》,《求是》2022年第17期。

资源枯竭型城市绿色转型的动因与路径分析*

——基于徐州市贾汪区的个案研究

黄 昕 张 玥 楚德江**

【摘要】资源枯竭型城市绿色转型是新时代促进经济与环境协调发展，人与自然共生共融的必然要求。在绿色发展理念指导下，本文基于政策过程的视角构建了资源枯竭型城市绿色转型的三维分析框架，并通过该框架对贾汪绿色转型实践进行了剖析，阐述了资源枯竭型城市绿色转型的动因和路径。研究显示，当问题流、政策流、政治流融合开启政策之窗时，迫切要求资源枯竭型城市绿色转型。只有在绿色政策的激励与指引下，实现产业、技术、金融等方面的全方位绿色转型，资源枯竭型城市才能真正实现"三生融合"的良好城市发展状态。在资源枯竭型城市绿色转型过程中，发展理念的转变、转型路径的选择和政策机遇的把握扮演着至关重要的角色。

【关键词】资源枯竭型城市；多源流理论；绿色转型；绿色发展

一、研究背景与文献综述

资源是人类生存与社会发展的物质基础。为了保障能源有效供给和

---

* 基金项目：2018年度国家社科基金项目"乡村振兴战略下的新乡贤参与机制创新研究"(18BZZ110)；江苏省高校人文社会科学基金项目"江苏省农业绿色转型的动力培育与机制优化研究"(2023SJYB1075)。

** 黄昕，江苏师范大学地方政府治理创新研究中心助理研究员，主要研究方向：绿色治理与发展；张玥，厦门大学公共事务学院博士研究生，主要研究方向：城市治理；通讯作者：楚德江，江苏师范大学公共管理与社会学院教授，主要研究方向：绿色发展与基层治理。

推动国民经济快速发展，我国早期依托煤炭、石油、钢铁等资源建立和发展起一批资源型城市，主要以不可再生资源的开采和初级加工为主导产业。根据产业生命周期理论，资源型城市将经历初创期、成长期、成熟期、衰退期等阶段。部分资源型城市随着资源开采殆尽进入衰退或者枯竭阶段，成为资源枯竭型城市。早期高度依赖资源的发展模式导致资源枯竭型城市面临着产业结构单一、经济结构失衡、生态环境破坏、社会矛盾尖锐等挑战，落入"资源诅咒"的陷阱。探寻资源枯竭型城市转型发展之路迫在眉睫。

为了解决资源枯竭型城市面临的经济发展失去产业支撑和生态环境严重破坏的双重挑战，学术界提出了多种资源枯竭型城市转型的思路，相关的研究主要集中于资源枯竭型城市转型的制约因素、转型路径和转型成效等方面。第一，资源枯竭型城市转型的制约因素研究。资源枯竭型城市转型的制约因素包括产业转型与社会稳定之间的矛盾、资源环境承载力①、生态修复与生态经济建设问题②等方面。王琼等基于自然资源在产业演进和经济增长中的"诅咒"视角，剖析了资源枯竭型城市产业困境形成的内在机理。③ 黄天能等以湖北大冶市为例，运用 TOPSIS 方法分析枯竭城市转型发展障碍因子。④ 第二，资源枯竭型城市的转型路径研究。目前学术界依据森林资源⑤、煤炭资源⑥等不同的资源，深入研究了东北地区⑦、湖

① 汪晓文、潘剑虹、杨光宇：《资源枯竭型城市转型的路径选择——基于经济、社会、资源环境承载力视角的研究》，《河北学刊》2012 年第 5 期。

② 陈燕、高红贵：《资源枯竭型城市转型发展中的生态困境及路径选择》，《经济问题》2015 年第 3 期。

③ 王琼、孙永平：《湖北资源枯竭型城市产业困境形成机理及转型分析》，《江汉论坛》2010 年第 8 期。

④ 黄天能、李江风、许进龙、廖晓莉：《资源枯竭城市转型发展绩效评价及障碍因子诊断——以湖北大冶为例》，《自然资源学报》2019 年第 7 期。

⑤ 李雨停、张友祥：《东北地区国有林业资源枯竭型城市发展问题及转型思路研究》，《东北师大学报（哲学社会科学版）》2014 年第 3 期。

⑥ 夏敏、张开亮等：《煤炭资源枯竭型城市工矿用地时空变化模拟与生态风险评价——以江西省萍乡市安源区为例》，《地理研究》2017 年第 9 期。

⑦ 卢万合、刘继生、张立峰：《"辽源模式"：资源枯竭型城市的典型经验》，《经济体制改革》2012 年第 5 期。

北省[①]、山东省[②]等资源枯竭型城市转型的案例。运用定性与定量、理论与实证相结合的研究范式，围绕产业转型、经济转型、绿色转型等提出了不同的转型路径。此外，还有一些学者分析了借助技术[③]、文化[④]、金融[⑤]等因素推动城市转型的具体方式。第三，资源枯竭型城市的转型成效研究。学者们运用生态足迹法、聚类分析法等方法，尝试构建了资源枯竭型城市产业可持续性评价指标体系[⑥]、资源枯竭型城市转型成效测度体系[⑦]、煤炭资源枯竭型城市绿色转型绩效评价指标[⑧]等指标体系评价转型效果。在政策评估方面，杜春丽等基于资源、环境、社会和经济四个维度构建了转型政策绩效评价模型，为资源枯竭型城市政策的制定与实施提供建议。[⑨] 孙天阳等利用双重差分法检验了资源枯竭型城市扶助政策在经济发展、就业、产业升级等方面的效果。[⑩]

总体来看，已有研究成果对于推进资源枯竭型城市绿色转型具有较高的参考价值，但这些研究对资源枯竭型城市为何能走上绿色转型之路缺乏深入的理论分析，对于如何有效实现绿色转型也很少有基于实践的理性探讨。本文基于政策过程视角构建了资源枯竭型城市转型发展的理论解释框架，并且对徐州市贾汪区绿色转型的实践过程进行了系统审

---

① 赵凌云、杨明杏、董慧丽：《发展中转型、转型中跨越的生动实践——黄石、潜江、大冶、钟祥资源枯竭型城市转型发展调研报告》，《湖北社会科学》2011 年第 7 期。

② 李鹏飞、代合治、谈建生：《资源枯竭型城市产业转型实证研究——以枣庄为例》，《地域研究与开发》2012 年第 2 期。

③ 李旭红、安树伟：《东北煤炭资源枯竭型城市产业转型的科技支撑》，《中国科技论坛》2005 年第 4 期。

④ 冷艳菊：《资源枯竭型城市转型的文化思考》，《城市发展研究》2011 年第 5 期。

⑤ 丁平：《金融支持资源枯竭型城市转型》，《中国金融》2013 年第 9 期。

⑥ 熊剑平、刘承良等：《资源枯竭型城市产业发展评价与接续选择——以湖北省大冶市为例》，《经济地理》2009 年第 8 期。

⑦ 余建辉、张文忠、王岱、李倩：《资源枯竭城市转型成效测度研究》，《资源科学》2013 年第 9 期。

⑧ 曾贤刚、段存儒：《煤炭资源枯竭型城市绿色转型绩效评价与区域差异研究》，《中国人口·资源与环境》2018 年第 7 期。

⑨ 杜春丽、洪诗佳：《资源枯竭型城市转型政策的绩效评价》，《统计与决策》2018 年第 18 期。

⑩ 孙天阳、陆毅、成丽红：《资源枯竭型城市扶助政策实施效果、长效机制与产业升级》，《中国工业经济》2020 年第 7 期。

视，试图探索资源枯竭型城市绿色转型的动因和路径。

二、理论分析框架构建

研究资源枯竭型城市绿色转型首先需要厘清影响转型的关键变量，并据此构建理论分析框架。然而，目前学者们构建的绿色转型理论框架主要集中在资源型城市绿色转型而非资源枯竭型城市绿色转型。刘纯彬、张晨在科学发展观的指导下构建了资源型城市绿色转型的三维结构模型。[①] 该模型由原因维、方法维、效果维三个维度组成，立足于社会经济发展状况和资源环境情况，通过政府绿色监管、产业绿色重构、企业绿色运营等方面的改变来实现资源型城市绿色转型。王艳秋等构建了资源型城市绿色转型 TPE 复合系统模型，从动力系统、推力系统和效果系统来分析，围绕着资源、环境、经济、社会、科技五大系统探索城市绿色转型。[②] 杨键军等构建了成长型资源城市绿色转型框架，认为资源型城市绿色转型以生态优先、绿色发展为导向，在制度、科技、产业等方面实现创新。[③]

上述资源型城市绿色转型的理论框架和模型构建综合考虑了城市绿色转型的原因、路径和效果，具有很强的参考意义。但这些框架忽视了城市转型政策在城市转型发展中的关键作用，也就难以从政策实践的演进视角观察城市转型的起因、行动及结果之间的逻辑关联。在现有研究的基础上，本文运用多源流理论，分析资源枯竭型城市绿色转型政策的启动，并经由绿色转型政策的制定和实施过程分析资源枯竭型城市绿色转型所采取的路径和取得的效果，从而建立起资源枯竭型城市绿色转型原因、行动与结果之间的内在联系，形成了城市绿色转型的新的理论分

---

① 刘纯彬、张晨：《资源型城市绿色转型内涵的理论探讨》，《中国人口·资源与环境》2009 年第 5 期。

② 王艳秋、胡乃联、苏以权：《我国资源型城市绿色转型能力评价》，《技术经济》2012 年第 5 期。

③ 杨键军、杨学刚、武其甫等：《成长型资源城市绿色转型研究》，《技术经济》2019 年第 10 期。

析框架。资源枯竭型城市绿色转型分析框架由政策维、方法维、效果维三个部分组成（见图1）。这三个部分分别解释了资源枯竭型城市为什么能够走上绿色转型之路，资源枯竭型城市如何从“只要金山银山，不要绿水青山”转变为“绿水青山就是金山银山”，资源枯竭型城市绿色转型的目标是什么三个问题。

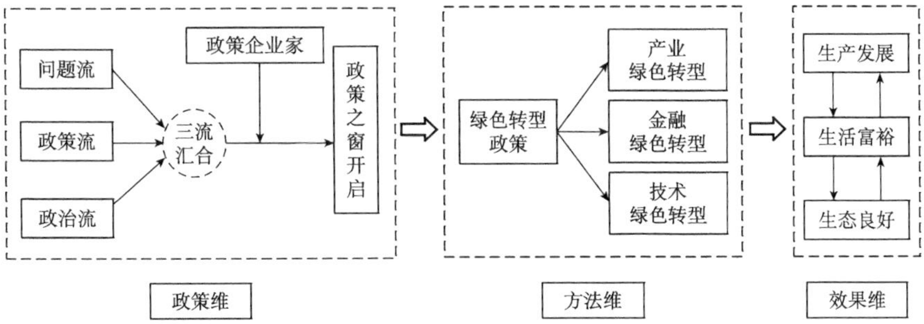

图1 资源枯竭型城市绿色转型分析框架

（一）政策维：转型议程的启动

美国著名的公共政策学家金登在垃圾桶理论基础上提出多源流理论，认为政策变迁是问题流、政策流、政治流共同作用的结果。[①] 该理论多维度剖析政策议程的设定，而且能够运用到各个国家整个政策过程之中，对于事件发生的逻辑解释具有很强的解构功能。[②] 近年来，很多学者尝试运用多源流理论剖析中国的政策制定的过程，体现在跨行政区水污染防治合作[③]、双创政策议程建构[④]、跨省流域生态补偿机制[⑤]等方面的研究，并对其进行本土化修正和优化。基于多源流理论，资源枯竭

① John W. Kingdon. *Agendas, Alternatives, and Public Policies*. Boston: Brqown and Company, 1984: 3—4.

② Nikolaos Zahariadis, Christopher S. Allen. Ideas, Networks and Policy Streams: Privatization in Britain and Germany. *Review of Policy Research*. 1995 (14): 71—98.

③ 毕亮亮：《“多源流框架”对中国政策过程的解释力——以江浙跨行政区水污染防治合作的政策过程为例》，《公共管理学报》2007年第2期。

④ 江永清：《基于多源流模型的我国双创政策之窗开启分析》，《中国行政管理》2019年第12期。

⑤ 卫志民、胡浩：《多源流理论视阈下生态补偿机制的政策议程分析——以新安江流域生态补偿机制为例》，《行政管理改革》2020年第5期。

型城市绿色转型政策源于问题流、政策流、政治流三个源流的相互作用。问题流是政策的起点，指需要处理的问题及其影响，包括生态环境相关指标变化、危机事件、焦点事件等。政策流是指政策利益相关者的诉求和意见，包括政府官员、智库内参、专家学者等针对资源枯竭型城市转型提出的建议、方案。政治流是指各方力量的互动，各主体的立场与行动，包括执政党发展理念变化、公众情绪、新闻舆论等。三条源流不断发展，当汇集融合一起时，“政策之窗”便开启了，政策企业家需要把握这个稍纵即逝的关键时间点，推动资源枯竭型城市绿色转型。

（二） 方法维：转型的路径

资源型城市片面追求经济效益而造成生态环境的破坏，处于非对称性共生的治理阶段，面临资源枯竭和城市衰退的风险。为了解决经济发展与生态治理之间严峻的矛盾，转型需要朝向对称性互惠共生的模式发展。在绿色转型政策的指导下，资源枯竭型城市可通过产业、技术、金融三个方面的绿色化以实现经济社会发展与生态环境的和谐共生，促进城市的绿色转型。政策是绿色转型的导向，政府秉持绿色发展的理念，规划资源枯竭型城市未来的发展方向。产业是绿色转型的核心，是资源枯竭型城市绿色转型的突破口。经济发展绝不能以牺牲环境为代价，城市必须因地制宜，由单一产业向第一、第二、第三产业融合发展，才能实现产业生态化、绿色化。技术是绿色转型的动力，城市绿色转型要求城市与科研院所、高校等建立紧密联系，引进人才，在产业发展中运用节能高效环保的技术。金融是绿色转型的保障，实行绿色产业扶持基金、绿色信贷等制度，为绿色转型提供资金保障。

（三） 效果维：转型的结果

效果维由生产、生活、生态三个部分组成，以此来检验资源枯竭型城市绿色转型的效果。城市迫切需要转型的原因是经济发展与生态保护不能和谐共生。资源枯竭型城市绿色转型是一个系统和复杂的工程。对称性互惠共生的模式不仅有利于修复和治理生态环境，还可以促进产业转型和经济发展。因此，验证城市转型效果需要以经济发展与生态保护、人与自然是否和谐共生为衡量标准。只有城市生产发展、生态良好、生活富裕，才能真正实现资源枯竭型城市绿色发展。

以上三个维度相互影响和作用，构成资源枯竭型城市绿色转型的有机整体。政策维意味着资源枯竭型城市绿色转型议程的启动，并经由政策激励与约束，确定方法维的选择。方法维通过行动落实政策方案，是连接政策维与效果维的桥梁。效果维是政策维和方法维的自然结果，也是检验政策维和方法维的基本尺度。这三个维度体现了政策过程的视角，正是经由这一过程，推动着资源枯竭型城市从“只要金山银山，不要绿水青山”到“绿水青山就是金山银山”的转变。

三、徐州市贾汪区绿色转型的启动与探索

“因煤而兴、煤尽城衰”的贾汪区是我国资源枯竭型城市的典型代表，习近平总书记曾夸赞其绿色转型的实践，表扬贾汪采煤塌陷区“坚持走符合国情的转型发展之路”。本案例中的材料是在整理和分析2008—2019年贾汪区年鉴资料、政府工作报告、新闻报道的基础上，通过对贾汪区的政府干部、居民、企业负责人等进行实地访谈而得到的。

（一）贾汪走向绿色转型之路的起因

贾汪区位于江苏省徐州市东北部，地处苏、鲁两省交界处，矿产资源丰富，已勘查和发现的矿产包括煤、铝、镁、钛等18种，探明矿床23个。贾汪区采煤历史长达130多年，素有“百年煤城”之称。辖区内拥有旗山煤矿、权台煤矿、韩桥煤矿等大型煤矿，煤田面积达202平方千米，累计为国家贡献3.5亿吨煤炭，是国家重要的煤炭工业基地，既奠定了徐州老工业基地的基础，也为江苏乃至全国经济发展作出巨大贡献。贾汪区煤矿的发展史是中国煤矿产业变迁的缩影，但是在创造巨大的经济效益的同时，也因长期的煤炭开采造成了严重的生态环境问题，为贾汪区未来的发展埋下了深深的隐患。

2001年贾汪区“7·22”特大瓦斯煤尘爆炸事故导致92名矿工死亡，直接经济损失达538.22万元。随后，国务院紧急关闭120座不具备生产条件的小煤矿，这给贾汪区的煤炭产业和经济收入造成巨大损失。[①] 常年的采煤业给贾汪区留下众多的塌陷地、棚户区、污水沟，随处可见的发电厂、炼焦厂也造成严重的空气污染。一方面，生态环境恶劣。空气和河流被煤尘严重污染，良田和地面大面积塌陷。全区1/3以上都是塌陷区采煤，面积高达13.23万亩，最深处达18米。另一方面，生活条件简陋。煤矿工人的宿舍简陋破旧，基础设施缺乏，最老的宿舍已有110多年的历史。当煤矿被迫关闭时，便留下500多万平方米的棚户区，包括200多万平方米的城市棚户区，300多万平方米的塌陷地村庄。[②] 经历百年的开采，支撑财政收入1/3的煤炭资源慢慢走向衰竭，贾汪区这个资源型城市进入了衰退期。2011年，国务院发布《关于第三批资源枯竭城市名单的通知》，贾汪区被批准为第三批资源枯竭型城市，是江苏省唯一被列入其中的城市。随着矿产资源逐渐枯竭，加之接连的煤矿爆炸和污染事故，贾汪区原有的煤矿产业再也无法继续维持，迫切需要转型。

贾汪区居民讲：“小时候住在煤矿的职工宿舍，印象就是脏乱差。因为煤尘污染，所以周边的村环境都特别差，天空经常灰蒙蒙一片。职工宿舍一共四层楼，每套房间40多平方米，用水很紧张，一天三次按点来水。我父亲在矿上从事检查瓦斯工作，每个月仅有300～600元的工资。之后因为资源枯竭和矿难事故，贾汪区便开始陆续关闭煤矿。”

（二）贾汪区绿色转型的实践探索

由于长期依赖煤炭资源，贾汪区当地居民大多数从事与煤炭相关的工作，转型亟须解决产业发展、民生保障、村民就业等问题。在转型初期，贾汪区依旧尝试发展重工业。第一次转型是在2001年左右，因瓦

① 许多：《失职渎职藏祸根 非法开采酿惨剧：2001年江苏徐州市“7·22”瓦斯煤尘爆炸事故》，《安全生产与监督》2016年第5期。

② 郑薇：《贾汪棚改让老城新城比翼齐飞》，《徐州日报》2013年5月7日。

斯煤尘爆炸事故关闭不具备生产条件的小煤矿，只留下三个国有煤矿。产业从地下转移到地上，开始发展小钢铁、小机械、小水泥、小化肥、小火电等“五小”工业，但由于技术落后、质量低劣、效益较差，环境污染仍较为严重。随后又开始探索第二次转型，关闭和清除五小企业，发展了一批规模较大的传统企业，如腾达焦化、中联水泥、东兴能源、宝丰特钢等。2010 年启动的采煤塌陷区整治和 2011 年被国家列入资源枯竭型城市成为贾汪区启动第三次转型的契机。贾汪区抓住振兴徐州老工业基地历史机遇和资源枯竭型城市转型的政策优势，利用其特有的民俗文化、自然风光、人工湿地、名胜古迹等优势，采取财政、银行、企业等多元融资方式着力打造山水生态城市，最终探索出一条化茧成蝶的绿色转型之路。

第一，生态环境方面。贾汪区积极实施“进军荒山”和“碧水工程”绿色行动，修复和治理工矿废弃地、采煤塌陷地、山体破损处。与中国地质大学、中国矿业大学、江苏师范大学等高校合作修复和治理采煤塌陷区。根据塌陷程度的不同，采取“宜耕则耕、宜渔则渔、宜建则建、宜生态则生态”的原则进行修复和发展相应的产业，采取塌陷地复垦整治、挖掘工业用地潜力、塌陷村庄搬迁、塌陷区生态修复等措施，先后实施潘安湖、小南湖等塌陷地治理工程 82 个、治理面积 6.92 万亩。①

第二，产业发展方面。贾汪区坚持“三治合一”，坚持农业、工业、服务业多元化发展，走出了一条矿区与农区转型发展的乡村善治之路。贾汪区注重发挥本地资源优势，挖掘其特色景观、文化等资源，创建了国家 AAAA 级景区 4 家、国家 AAA 级景区 1 家。同时，将农业与旅游业相结合，促进生态资源保护与经济发展协调发展，激发资源枯竭型城市绿色发展的内生动力。茱萸寺石榴园经理讲道：“大洞山景区转型发展和茱萸寺重建之后，石榴园的生意越来越好。石榴园采取‘农业＋旅

① 曹志：《生态优先　绿色发展　交出城乡建设高质量的“贾汪答卷”》，《群众》2018 年第 7 期。

游’的模式，引进突尼斯软籽石榴等优质品种，还进行网上电商销售。此外，推进绿色生态养殖，目前石榴园每亩地年产值5000元至8000元，每年国庆期间游客最多。”

第三，民生保障方面。贾汪区致力于公共服务、医疗卫生、文化教育等方面共同发展，提升基础设施建设。自2009年以来，政府重点推进棚户区改造，并设立徐州市贾汪区矿地关系协调中心，专门负责采煤塌陷地村庄搬迁和采煤塌陷补偿工作。为解决民生问题，加强民生保障，还推进厕所革命、农村饮用水安全提升等项目，累计投资69.6亿元改造老城区，共完成92个棚户区改造项目，27个安置房项目，建筑面积共计300多万平方米。

马庄村是贾汪区转型的缩影。1987年，马庄村凭借地下丰富的资源，建立了第一座煤矿。2001年特大瓦斯煤尘爆炸事故导致马庄村的三座煤矿被迫关闭，村里集体收入锐减80%。马庄迫切寻求转型之路，2011年抓住潘安湖景区的发展机遇，凭借苏北第一支农民铜管乐团、马庄村村史馆、中医香包产业和旅游业，由煤矿产业发展为民俗文化体验区，人均收入达2.6万元。

2017年，习近平总书记在贾汪区视察后，提出只有恢复绿水青山，才能使绿水青山变成金山银山。这是对贾汪区转型发展的充分肯定，也是对“两山”理论的延伸和发展。通过多年的绿色转型探索，贾汪区成为资源枯竭型城市转型、采煤塌陷区治理和生态环境修复的典型，被评为中国生态魅力区、中国美丽休闲乡村、全国绿色发展百强区，实现了从“一城煤灰半城土”到“一城青山半城湖”的转变。

四、案例分析：资源枯竭向绿色发展转变的机制探寻

通过贾汪绿色转型的实践案例，有助于分析由资源枯竭型城市向绿色发展转型的内在机理。为什么贾汪区选择绿色转型之路？贾汪区在绿色发展转变中采取了哪些卓有成效的措施？利用资源枯竭型城市绿色转型分析框架对贾汪区转型的过程和机理进行分析，能够更为全面深入地理解资源枯竭型城市转型的动因和路径。

（一）政策维：三流汇合推进城市走向绿色转型之路

1. 问题流：绿色转型缘何得以提上议程

只有后果严重且紧迫性的公共问题才有可能引起决策者的关注，从而被提上政策议程。[①] 资源枯竭型城市因其产业结构单一，过分依赖高耗能、高污染、高排放的产业取得经济快速发展，导致生态环境遭到严重破坏。贾汪区发展长期依赖煤炭产业，耕地面积不断减少，空气污染严重，采煤破坏地下岩层导致水污染，加之房屋开裂，道路断裂等问题，贾汪区居民生活遭到严重影响，居民纷纷搬离。绿化覆盖率、森林覆盖率、空气质量等生态指标持续偏低，PM10、二氧化硫、水体水质综合污染指数等环境指标持续偏高，2007 年环境质量综合指数仅有 45.4。同时，贾汪区矿难频发，多地煤矿爆炸、韩桥矿自备井污染事故、旗山煤矿“2·6”透水灾害，特别是 2001 年贾汪区“7·22”特大瓦斯煤尘爆炸事故，使得贾汪区的煤矿产业受到重击。资源枯竭、环境破坏、民众不满等问题迫使贾汪区开始思考如何转型，以促进经济与生态协调发展。

2. 政策流：政策利益相关者共同的诉求

贾汪区的转型发展之路向何处去，决定着城市的发展方向与兴衰存亡。针对贾汪区应该如何转型，各利益相关主体根据贾汪区的发展现状、资源条件等实际情况积极主动提出自己的诉求，参与制定贾汪区转型的方案。一方面，开展基础调研活动。政协、人大、工商业联合会等多次深入贾汪区各街道办事处、村镇，了解重点项目、工程建设等社会发展情况，学习其他地方先进的做法。另一方面，广泛征询政策建议。区党委政府多次召开座谈会、专家论证会、报告会等，征集专家学者、政协委员、人大代表、其他利益相关者等关于资源枯竭型城市转型中采煤塌陷地治理、振兴老工业基地、新兴产业培育、传统产业升级、生态环境保护等问题的建议（见表 1）。最初，部分方案建议认为应发展传统产业，但经过多次论证，政策利益相关者大多比较认同贾汪区应转变思

---

① 韩艺、刘莎莎：《绿色发展视域下公共政策多源流模型及其修正——以快递包装新国标的出台为例》，《四川轻化工大学学报（社会科学版）》2020 年第 1 期。

路，利用文化、资源等优势发展多元产业。

当问及贾汪区是如何想到转型发展旅游业时，贾汪区全域旅游服务中心干部讲道："当时区里有两种声音，其中一种是建立几个大企业，带动财政发展。最后领导出于长远考虑，痛下决心，发展生态经济，带动农民就业，造福当地的百姓。之后，贾汪区是在生态修复的基础上，考虑到发展旅游。在治理采煤塌陷地的同时，进行景观化打造，既有生态效益，又有经济效益。贾汪区旅游从无到有，实施了采煤塌陷地治理、荒山绿化、水系贯通三大攻坚战。"

表 1　贾汪转型发展重要会议及议题

时间	会议名称	会议议题
2008 年 4 月	贾汪区政协七届二次常委会议	专题协商"振兴老工业基地，发展传统产业"工作
2008 年 7 月	贾汪区政协七届三次常委会议	讨论通过《关于振兴老工业基地，发展贾汪区传统产业的建议案》
2008 年 9 月	振兴老工业基地调度会	围绕振兴老工业基地，结合实际对所采取的具体措施进行详细研究和探讨
2009 年 6 月	潘安采煤塌陷区综合整治项目专家论证会	专题讨论潘安采煤塌陷区综合整治项目
2011 年 9 月	大企业、大集团座谈会	为贾汪区经济社会转型发展建言献策
2011 年 10 月	旅游业发展座谈会	贯彻落实市相关领导对贾汪区旅游业发展的指示，专题研究大洞山风景区开发建设及茱萸寺后期开发建设工作
2012 年 2 月	徐州市资源枯竭城市转型工作调研组座谈会	调研转型发展工作开展情况，就当前存在的困难与问题进行座谈
2012 年 2 月	国家资源枯竭城市转型规划编制调研组座谈会	调研国家资源枯竭城市转型工作开展情况，就当前存在的困难与问题进行座谈
2012 年 6 月	资源枯竭城市转型规划汇报会	听取规划设计单位规划成果汇报，提出修改完善意见
2012 年 8 月	"科学发展大讲坛"暨资源枯竭型城市转型发展专题报告会	针对资源枯竭型城市转型发展问题作专题报告

续表

时间	会议名称	会议议题
2012 年 10 月	贾汪区政府第 5 次常务会议	学习《省政府关于支持徐州市贾汪区资源枯竭城市转型发展的意见》，听取贾汪区资源枯竭城市转型发展主要任务责任分解方案征求意见稿汇报等
2012 年 10 月	贾汪区转型发展意见专题调研组座谈会	贾汪转型发展意见专题调研组就支持贾汪区资源枯竭城市转型工作召开专题调研座谈会
2013 年 1 月	区第十一届人大二会议	紧扣转型发展主线，建设“全国资源枯竭城市转型发展示范区”等
2013 年 5 月	区政府第 9 次常务会议	学习《中共徐州市委徐州市人民政府关于支持贾汪区资源枯竭城市转型发展的配套政策措施》
2013 年 8 月	江苏省发展改革委专家论证会	召开《徐州市贾汪区资源枯竭城市转型规划（2012—2020 年）》专家论证会

3. 政治流：城市绿色转型的政治氛围

执政党发展理念的变化对资源枯竭型城市转型具有重要的促进作用。随着社会的发展，面对人与自然日益严峻的矛盾，资源枯竭型城市转型和生态文明建设逐渐提上议程。在生态文明建设方面，党的十八大报告首次提出“美丽中国”的理念，中共中央国务院联合发布了《关于加快推进生态文明建设的意见》，并把“生态文明建设”写入党章。在习近平生态文明思想的引领下，党的十八届五中全会首次提出绿色发展理念，确定了绿色发展在国家经济社会发展中的战略地位。党的十九大提出“树立和践行绿水青山就是金山银山的理念”和“坚持节约资源和保护环境的基本国策”。在资源枯竭型城市转型方面，中央及其直属部门出台了《关于促进资源型城市可持续发展的若干意见》《关于印发全国资源型城市可持续发展规划（2013—2020 年）的通知》等政策文件，通过加大财政投入，鼓励资源型城市可持续发展、产业转型升级、发展新动能。2011 年，贾汪区被确定为资源枯竭型城市，江苏省也专门出台了《关于支持徐州市贾汪区资源枯竭城市转型发展的意见》《关于支持贾汪区资源枯竭城市转型发展的配套政策措施》，为贾汪区转型提供指导和保障。与此同时，环境污染、资源枯竭、煤矿事故等问题使得贾汪区居民和新闻媒体对贾汪区转型问题广泛关注。煤矿关闭、资源枯竭导致大量居民失业，生活状况受到严重影响。公众不满情绪的蔓延，新闻媒体的舆论和国家执政理念的引导都积极推动了贾汪区绿色转型。

大洞山风景区管理处一名干部讲："贾汪区转型一共进行了两次飞跃，第一次是2001年贾汪区'7·22'特大瓦斯煤尘爆炸事故后开始积极探索从地下到地上的转型之路，第二次是2011年贾汪区被批准为第三批资源枯竭型城市后积极推进生态修复，转型发展。"

4. 多源流汇合，政治策之窗开启

长期开采煤炭导致贾汪区的空气污染、水污染等生态环境指标严重超标，2001年贾汪区"7·22"特大瓦斯煤尘爆炸事故等问题流均使得贾汪区转型的问题被聚焦。政府官员、专家学者、公众围绕贾汪区转型问题展开热议，提出各自解决方案，形成政策流。与此同时，国家发展理念的转变、资源枯竭型城市可持续发展、生态文明建设、绿色发展等政策的提出，民众对恶劣环境的不满等，构成贾汪区绿色转型的政治流。2011年，贾汪区被确定为资源枯竭型城市成为推动问题流、政策流、政治流三条源流融合的契机，贾汪绿色转型的政策之窗开启（见图2）。徐州市、贾汪区的党政领导人借助有利的情势、事件和舆论积极推进，促成了转型政策议程构建，扮演了"政策企业家"的角色。

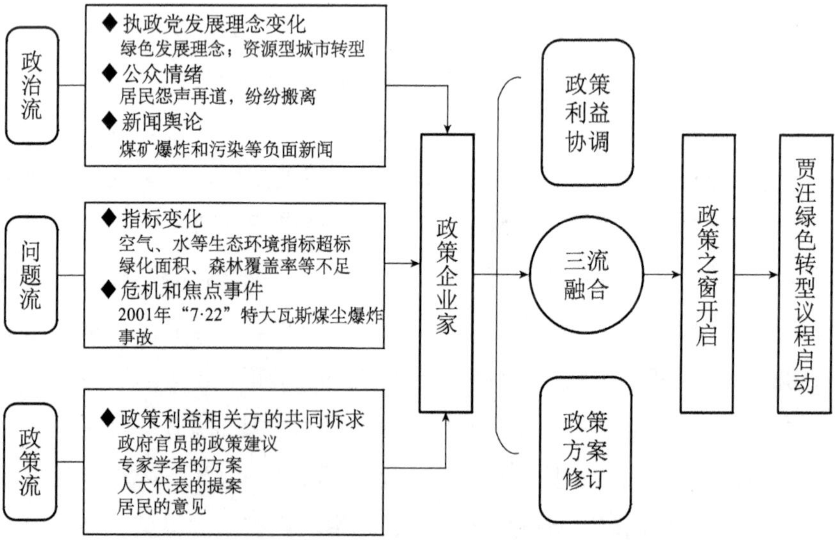

图2　基于金登多源流理论的贾汪区绿色转型政策维模型

（二）方法维：绿色转型政策引领贾汪区绿色发展

城市绿色转型政策确定之后，仍需要通过具体的产业政策、技术手段和激励措施将决策目标落到实处。贾汪区明确绿色转型的政策议程以来，自然资源和规划局、生态环境局、旅游发展促进中心、发展改革与经济贸易委员会等政府部门依托中国矿业大学、东南大学、中国城市规划研究院等机构提供的智力支持，围绕城市转型规划、生态环境保护、三大产业转型等出台多项政策，包括《关于徐州市贾汪区资源枯竭城市转型发展规划（2012—2020 年）》《潘安湖宣言：资源型城市转型发展与生态文明建设行动计划》《贾汪区资源枯竭城市矿山地质环境保护与治理专项规划》《贾汪区生态文明建设规划（2014—2022）》《贾汪区采煤塌陷区综合治理规划方案（2018—2020 年）》等。这些政策和规划重点聚焦于贾汪的产业、金融和技术的绿色转型，以落实城市绿色转型的目标。

1. 产业绿色转型

贾汪区把环境治理与经济发展工作相结合，通过促进产业转型带动经济发展，推动贾汪区由单一产业转变为第一、第二、第三产业深度融合发展。农业方面，采煤塌陷地修复后形成的农田为农业发展奠定了良好的基础，依托农业龙头企业、农民专业合作社，采用高效化、标准化、信息化的管理模式，走出了一条绿色品牌农业发展道路。工业方面，从依赖煤炭资源的发展模式转变为着力发展新型工业化和高新技术产业集群。第一，淘汰和关闭以“五小”工业为主的落后工业企业。第二，升级传统产业，对钢铁、焦化、水泥、热电四大传统行业进行转型升级，由粗放型向集约型转变，优化产业结构形成产业链。第三，发展新兴产业，新建工业园区，吸引新兴产业和专业人才。服务业方面，与豪泽集团等公司进行政企合作，创新所有权与经营权分离的模式，打造潘安湖湿地公园、月亮湖等人造美景，大洞山、督公湖等自然风光，马庄村香包文化产业园等民俗文化，韩桥煤矿遗址公园、运河支队抗日纪念馆等历史遗迹。与此同时，潘安湖科教创新区、江苏师范大学科文学院潘安湖校区、现代物流园区等科教与商业项目助力贾汪发展。贾汪区还凭借连接苏北鲁南的地理位置优势，发展了农副产品流通贸易和休闲旅游产业。

潘安湖游客感叹：“潘安湖作为一个当代人工湖，从原来的采煤塌陷区转变成今天湖阔景美的国家生态旅游示范区。经过下午的游览，很难将这片美景与当年的坑洼破败联系在一起。下船行走湖边，红杉树林里，只觉心旷神怡，仿佛置身于天然氧吧。作为一个徐州人，不得不说，潘安湖果然称得上是徐州的后花园。”

2. 技术绿色转型

贾汪区推进技术绿色转型主要体现在校企产学研合作修复生态环境。区科技局主动与中国地质大学、中国矿业大学等高校合作，采用生态修复技术、采煤塌陷地改造技术、人造自然景观技术、土地复垦技术等绿色技术，开发节水灌溉、新技术集成示范、生态循环农业等工程项目，充分利用贾汪区作为“城市废弃工矿区土地再利用技术研究”“工矿区受损农田修复与精细化整理技术集成与示范”“苏北煤炭开采区土地资源数量—质量—生态监测与持续利用野外科研基地建设”等多项国家科技支撑计划、国土资源部公益性行业科研专项课题研究基地的便利条件和研究成果提升绿色转型的成效。2012 年，江苏省科技厅还专门出台科技专项扶持政策，助力贾汪区资源枯竭城市转型。此外，贾汪区还召开了全国煤矿塌陷地水生态修复技术交流会、经济转型升级暨科技创新工作会议等技术交流会议。

3. 金融绿色转型

贾汪区在转型过程中面临着资金周转难、风险控制难、期限匹配难等困境。对此，贾汪区一方面依靠财政扶持，其中包括作为国家第三批资源枯竭城市而获得的中央财政转移支付 1.75 亿元，江苏省财政转移支付 2000 万元。贾汪区的绿色转型连续九年都获得了国家、省、市在资金、项目、政策方面的支持。另一方面，强化绿色金融融资机制，鼓励利用绿色信贷等绿色金融方式，拓展银行、企业等多元融资渠道支持现代农业、旅游业、工业园区发展，营造支持绿色发展的良好金融政策环境，推进贾汪区转型。截至 2017 年，中国农业发展银行、江苏银行、东吴证券徐州分公司等金融机构对贾汪区采煤塌陷区的各类修复与发展项目共融资 62 亿元，其中，信托资金 16.2 亿元，信贷资金 13.4 亿元，银行业非信贷资金 32.4 亿元。[①] 这些绿色金融措施为贾汪区资源绿色转型发展和生态文明建设提供了资金保障。

（三）效果维：从“一城煤灰半城土”到“一城青山半城湖”

贾汪区在开启绿色转型政策议程之后，依托产业、技术、金融等方面的绿色转型，实现了城市经济快速发展、生态环境良好、社会和谐稳定的转型目标，形成“三生融合”的良好城市发展状态（见表 2），自 2017 年连续两年获得国家资源枯竭城市转型绩效考评优秀等次。

表 2　2007 年与 2018 年“三生”相关指标对比分析

年份	生产发展		生活富裕			生态良好		
	地区生产总值（亿元）	财政总收入（亿元）	居民人均可支配收入（元）	城镇居民人均可支配收入（元）	农村居民人均可支配收入（元）	园林绿化面积（公顷）	森林覆盖率（%）	人均公共绿地面积（平方米）
2007	80.64	7.01	10356	10449	5896	613.8	14.1	10.5
2018	330.57	22.57	26396	33144	18703	1123.36	32.39	20.04

在生产发展方面，农业、工业、旅游业多元发展，经济发展与环境形成新的共生关系，提高与自然的“共生度”。地区生产总值不断提高，2018 年第一产业生产总值 25.88 亿元，第二产业生产总值 150.98 亿元，第三产业生产总值 153.71 亿元。在生活富裕方面，通过棚户区改造、塌陷地村庄搬迁、完善城市基础配套工程，增加了有效耕地面积，为改善农民生活空间提供了有效的保障。居民人均可支配收入稳健增长，其中旅游业发展极大促进了居民收入增长。贾汪区全年接待游客量由 2009 年的 5 万人次，上升至 2012 年的 131.75 万人次，再上升至 2018 年的 1020 万人次，旅游综合收入为 30.2 亿元。“磨塘人家”农家乐负责人介绍说：“因为景区附近的饭店等配套基础设施比较少，有一次游

① 唐志新：《“立体式金融”助推绿色转型》，《中国金融》2018 年第 4 期。

客希望可以做饭给他们吃，便萌生了做农家乐的想法。随着督公湖、滑雪场、漂流等慢慢发展起来，游客越来越多，最多的时候有100多桌，每年纯收入几十万元。小时候在家种地，上学都很困难，从来没有想过做旅游。现在自己不仅是旅游受益者，更是致富带头人，带动村民就业。”在生态良好方面，生态修复工程、采煤塌陷地治理等项目使得园林绿化面积、绿化覆盖率、森林覆盖率不断提高，脏乱差的百年矿区变成生产发展、生态良好、生活富裕的宜居之城。

五、结论与讨论

虽然资源型城市为推进我国工业化和城市化进程作出了巨大贡献，但由于城市发展受到资源存量约束，产业发展具有不可持续性。随着资源保有储量的下降，必然会影响未来的发展速度和方向。目前我国资源枯竭型城市普遍面临着产业结构单一、生态环境脆弱、社会矛盾突出、经济增长缓慢等诸多共性问题，贾汪区绿色转型模式具有可借鉴性。习近平总书记在贾汪区考察时指出，对采煤塌陷区整治的有益经验，要注意总结推广。实现绿色转型已成为资源枯竭型城市发展和生态文明建设的必然趋势。

第一，转变发展理念，建设生态经济。资源枯竭型城市普遍面临着因过分依赖资源导致的人居环境和生态环境破坏的问题。资源枯竭型城市需要改变传统的以牺牲环境和资源为代价发展经济的旧发展观念，贯彻落实习近平总书记提出的新发展理念，在培育和发展接续产业的同时，进行生态综合治理和城市基础设施建设，积极开发和利用生态修复、采煤塌陷地改造、人造自然景观、土地复垦等绿色技术，发展绿色生态经济，促进人与自然和谐共生发展，真正实现资源枯竭型城市绿色发展。荒芜20多年的潘安湖采煤塌陷地治理项目采用“基本农田再造、采煤塌陷地复垦、生态环境修复、湿地景观开发”的模式，经过两年时间蝶变为集生态休闲、湿地观景、民俗文化、生态保育等于一体的全国首个煤矿塌陷区生态修复地湿地公园。

第二，因地制宜规划，优化转型路径。资源枯竭型城市面临最重要的选择是接续产业的培育。产业转型一般有多种形式，一是在现有产业的基础上向资源深加工和产业集群发展，形成产业链，如新疆的克拉玛依市；二是脱离原有产业，直接引进新兴产业，如法国洛林转型；三是在本地资源的基础上，拓展可持续和绿色发展的产业领域。尽管资源枯竭型城市拥有很多共性，但是每个城市面临的资源禀赋、经济特征、地理环境有其独有的特征，所以城市在确定绿色转型模式的过程中，需要找准自身的比较优势，因地制宜进行规划，调整产业结构，选择适合本城市的产业模式，为城市转型提供内生动力。贾汪区根据自身的自然条件，在东南部平原地区种植蔬菜粮食，在北部丘陵地区种植花卉果树，打造大洞山石榴、淮海牌大蒜、老农民水蜜桃等特色品牌，建设了农业综合开发示范区。在土地修复和环境治理的基础上，发展文化旅游产业，兴办科教园区和高新技术产业园区，促进了贾汪产业升级。

第三，把握历史机遇，顺势推进转型。问题流、政策流、政治流三流融合，为资源枯竭型城市转型开启了政策之窗。政府一定要牢牢抓住转型的机遇，促使资源枯竭型城市绿色转型。资源枯竭型城市由于自身发展能力较弱，资源环境基础约束突出，在转型的过程中面临市场、环境、制度等多方面制约。因此，政府是资源枯竭型城市转型和可持续发展的关键所在。在转型过程中，政府应发挥主导作用，以政府行为矫正市场失灵，为资源枯竭型城市提供政策和制度保障。特别是在金融政策方面，政府应强化绿色金融融资机制，鼓励利用绿色信贷等绿色金融方式，拓展政府、银行、企业等多元融资渠道。贾汪区因为煤矿事故、资源枯竭、生态环境指标严重超标等原因被迫转型，在“绿水青山就是金山银山”的绿色发展理念的指引下，充分把握振兴徐州老工业基地和被批准为国家第三批资源枯竭城市的机遇，出台了一系列资源转型、生态环境保护、促进绿色发展的规划作为指导性文件，以产业作为绿色转型的核心，以技术作为绿色转型的动力，以金融作为绿色转型的保障，成功实现了城市绿色转型发展的目标。

政策维、方法维和效果维体现了政策过程的全景视角，为资源枯竭型城市绿色转型提供了一个整体性的理论解释框架。贾汪区绿色转型的案例体现了这三个维度有机结合的理论逻辑，并揭示了资源枯竭型城市绿色转型的动因和路径，同时，贾汪区的实践也为其他资源枯竭型城市绿色转型提供了可资借鉴的经验与参考。由于贾汪区绿色转型是在面临资源枯竭背景下，由政府主导推进的城市转型，对于如何更好地发挥居民、企业等多元主体的内生动力，如何激励资源枯竭型城市在衰退初期主动进行发展转型仍是需要深入探讨的课题。此外，对于成长型资源城市，政府应主动采取行动，提前做好预警工作，选择恰当的时机进行转型，破解资源诅咒，避免矿竭城衰。

以党建引领基层治理加强网格化建设的思考

——基于扎赉特旗基层网格化建设视角

徐长安*

【摘要】基层社会治理是社会建设的一项重大任务，也是国家治理的重要组成部分。当前，我们在探索推进党建引领基层治理的实践中，特别是在运用网格化治理模式推进党建工作创新实践中，发现了许多矛盾问题，很大程度上影响和制约了基层治理的效果。党的十八大以来，以习近平同志为核心的党中央高度重视基层工作，不断推进基层治理体系和治理能力现代化，同时我们也要看到当下基层治理存在的一些问题。新时代党建引领基层网格化治理模式创新以先前基层网格化治理模式为基础，将党建引领基层网格化治理模式创新作为时代要求，以解决当前党建引领基层网格化治理领域存在问题为着力点，为接下来的创新探索指明方向。近年来，扎赉特旗深入聚焦社区治理领域重点、难点、堵点问题，充分发挥党建在社区网格治理中的引领保障作用，把党的政治优势、组织优势转化为城市治理优势，打造人人有责、人人尽责、人人享有的社区治理共同体，不断增强群众满意度和获得感。

【关键词】党建；基层治理；网格化

2020年7月，习近平总书记在吉林省长春市宽城区团山街道长山花园社区党群服务中心考察时指出，一个国家治理体系和治理能力的现代化水平很大程度上体现在基层。基础不牢，地动山摇。开展“党建引领

* 徐长安，内蒙古自治区兴安盟委员会党校综合教研室主任、教授。

基层治理，加强网格化建设”就是要在深入学习贯彻落实党的十九届六中全会精神的基础上，着力研究破解党建引领基层治理中存在的矛盾问题，推进基层治理工作创新发展，提升基层治理的质量水平，推动党中央精神在基层治理实践中落地开花。

一、扎赉特旗基层网格化建设现状

扎赉特旗地处内蒙古自治区东北部，位于内蒙古、黑龙江、吉林三省区交界处，处在大兴安岭南麓向松嫩平原延伸的过渡地带，全旗总面积11155平方千米，辖14个苏木乡镇（场）、1个城镇社区党工委，总人口382490人，由17个民族组成，其中，蒙古族16.57万人，是一个以蒙古族为主体、汉族居多数的少数民族聚居旗。辖行政嘎查村196个，村级党支部196个，现有村“两委”成员1070名，村级党员6374名，根据换届前摸底调研数据显示，14个苏木乡镇场现有常住人口23.19万人，2020年城乡居民人均可支配收入分别达到29997元和12678元，同比分别增长4.8%和9.3%。

自规范开展网格化治理工作以来，扎赉特旗不断提升基层综治中心规范化、标准化建设，在治理方式和推进措施方面不断深入探索，旗委牵头成立了推进社会治理工作领导小组，在旗委办下设办公室；在原有网格化服务管理工作的基础上，全面开展网格服务管理标准化建设，多网合一、全域覆盖；研究制定了网格效能提升工作方案、网格员管理制度、网格员培训方案和网格员工作职责、保障激励机制等相关工作制度。在嘎查村，以自然村屯为准划单元标分党建网格809个，全部配备网格长，同步在网格上组建了网格党小组。在涉农社区，坚持“以块为主、条块结合”的原则，全旗19个涉农社区建立了30个网格，根据实际情况全部配备了网格长。目前全旗嘎查村、涉农社区都有网格覆盖，所有网格都有党建工作覆盖。

二、扎赉特旗党建引领网格化治理工作的主要做法

坚持党的建设与网格化治理相结合，充分发挥基层党组织在社会治

理中的领导作用，推进社会治理体系和治理能力现代化建设，以机制建设更加完备、网格划分更加规范、入格事项更加全面、流程运转更加顺畅、服务管理更加精细为目标，不断深化网格化服务管理工作，增强基层社会治理能力，实现网格效能提升。

（一）坚持资源整合

一是整合社会资源。加强旗乡相关部门的联动协同，落实主体责任，把基层网格化治理工作与市域社会治理、新时代文明实践、基层宗教治理、党风廉政建设等工作有机结合，由旗社会治理综合服务中心统筹协调，共同建立信息共享、资源共用、力量联动、任务衔接的治理机制，治理工作领导小组严格落实成员单位联席会议制度，形成工作合力。二是整合党建资源。建立网格党小组，按照“一格一长”的标准，在每个网格设一名党员网格长，并兼任网格党小组组长，着力打造党员“责任田”，充分发挥党员干部在网格化治理中的先锋作用，强化党群联动，引导群团组织、社会组织和广大群众参与“全科网格”建设，积极访民情、听民意、解民忧，及时传递群众心声，帮助解决群众的合理诉求，把党的领导充分体现在基层社会治理的最前沿。三是整合服务项目。依托乡村两级党群服务中心和智慧平台，细化梳理网格化治理的服务项目和工作流程，建立党员服务、综合业务、帮办代办、咨询投诉等窗口，方便群众办事，发挥联系群众、依靠群众、服务群众的桥梁纽带作用，调动群众参与网格治理的主动性和积极性，努力提升网格化治理工作水平。四是整合人力资源。全面整合党建、综治、宗教、民政、残联等部门下沉在基层的党建网格员、综治网格员、宗教网格员、意识形态网格员、残协委员、劳动保障协理员、民政协理员、儿童主任等不同网格职能，构建一员多能，一岗多职的全科型网格管理模式，实现了“一网联动”。

（二）坚持党建引领

充分发挥基层党组织和党员在网格化治理工作中的关键性作用。一是以“党建项目清单”落实社会治理工作。按照旗委党建重点工作项目化、清单制要求，将党建工作化虚为实，以清单事项列出全年党建工作总目标并加以落实，增强党组织的凝聚力和服务力，夯实党在农村牧区的执政基础。二是以高站位谋划社会治理工作。如苏木乡镇党委全面负责社会治理工作，主要领导亲自安排部署，分管领导具体负责落实，认真研究解决工作中发现的各种问题，进一步加强基层党组织建设，构建和完善基层治理中的组织联动体系，打造坚强有力的党员干部队伍，积极推动组织力量的下沉，确保网格化建设标准规范、网格划分合理科学，网格员配齐配强，社会化服务优质高效。三是以高标准推进网格化治理工作。将基层网格化建设规范提升工作作为总结、提升、推广新时代“枫桥经验”的重要抓手，将其作为苏木乡镇党委一项重要工作纳入议事日程，加强统筹协调，采取有力措施，解决过去党群服务效能低下，网格过多过乱，重复设置，网格员工作精力难以集中、专业性不强、考核奖惩力度不够，积极性不高、信息报送率低、作用难以发挥等问题，确保人员配备到位、经费落实保障到位，工作责任落实到位。

（三）坚持定责优化

按照多网合一、全域覆盖的思路，将嘎查村（含涉农社区）以自然屯为单元划分网格，对辖区面积较大、居住人口较多的大屯，按照30～50户标准划分网格，网格设置不能跨越自然屯，不能两个屯划为一个网格。嘎查村和社区居住地界定明显的，可单独划分网格；村居混住的按照大屯标准划分网格。坚持定格、定员、定责、定岗的“四定”原则，在各苏木乡镇（场）建立网格督导长、网格管理长、网格长、专职网格员、兼职网格员的“三长两员”制度，在社区管理服务中心建立网格督导长、网格长、专职网格员、兼职网格员的“两长两员”制度。一是由各苏木乡镇包村领导担任、社区管理服务中心分管领导担任网格督导长。负责指导本辖区网格长、专（兼）职网格员、网格管理员开展工作，对网格内发现的重大问题进行处置调度，上报本辖区网格工作小结和年度工作总结，做好辖区内网格长、网格员绩效考核、培训及社会治理二级平台运行管理、事件上报和处置等工作。二是由嘎查村书记担任网格管理长。负责嘎查村级网格的管理工作，指导辖区内的网格长、专

（兼）职网格员开展工作，对网格内重大事项、重点工作落实情况进行监督、督促，及时组织召开会议研判、处置各类问题，积极化解各类矛盾纠纷和不稳定因素，确保小事不出村，做好社会治理三级平台运行管理、事件上报和处置等工作。三是由嘎查村“两委”干部（包括嘎查村支委成员、嘎查村委中的党员以及其他享受固定补贴人员中的中共党员，不包括嘎查村书记）担任网格长。负责定期到网格内巡查，深入了解社情民意，及时收集、研判、处理专（兼）职网格员上报的各类问题事项，解决群众诉求，化解矛盾纠纷，做好网格内基础动态信息数据和网格内事项的实时录入和汇总。四是由嘎查村其他“两委”干部、党小组组长及嘎查村内承担“一对多”联系服务群众职责任务的党员担任网格员。按照“一格一名专职网格员”标准配备，定期入户全面了解掌握群众需求，采集网格居民信息，收集社情民意，化解网格内矛盾纠纷、安全隐患，处理治安问题等，积极宣传各类政策、法律法规、治安防范知识，提高群众知晓率和参与率，职责范围内无法解决的问题及时上报网格长。五是基层网格根据实际情况配备若干名兼职网格员，由不承担联系群众职责任务的非党嘎查村干部、嘎查村民小组长、苏木乡镇包嘎查村干部、第一书记、驻村工作队员、包村民警等担任，也可按照自愿、择优原则，把嘎查村民代表、妇联执委、村务监督委员会委员、乡土人才孵化中心成员等纳入兼职网格员队伍。

（四） 坚持科技支撑

一是建立网格化智慧平台。整合数据资源管理平台、数据资源可视化平台、社会治理综合服务平台、网格化管理平台、“雪亮工程”智慧应用平台5大信息化平台，建设综合服务指挥管理平台，融合联合接访中心、综治中心、新时代文明实践中心、法律援助中心、数据资源管理中心、网格化管理中心6大中心资源和职能，开发了扎赉特旗社会治理综合服务平台，线上线下开展便民服务，形成了以党建为引领，横向部门协同、纵向乡镇联动的旗级基层社会治理实战化指挥服务体系。二是建立信息化服务体系。融合智慧党建、城乡治理、公共服务等功能，把公共服务、社会服务、市场服务、志愿服务下沉到基层网格，充分运用信息化技术，发挥移动终端信息传递优势，以“数据资源管理平台+网格化社会治理综合信息平台”打破数据壁垒、联通数据孤岛，推进相互支撑、共建共享，降低数据采集难度，提升网格化管理工作效能，实现党群服务精准化。三是建立制度化服务链条。开发“党群心连心”微信小程序，嘎查村网格员通过认证后，采取主动上门问需、接受群众来访等方式，收集群众咨询、投诉、建议、求助、举报等方面的诉求事项，再将群众诉求通过语音、文字、图片、视频等方式录入“党群心连心”微信小程序。群众反映的诉求，网格员能够解决的要及时帮助解决，并及时将问题解决情况向嘎查村“党群心连心”平台报备；网格员不能解决的也可以及时向嘎查村“党群心连心”平台报告，其中，群众反映的举报事项，可以直接向苏木乡镇“党群心连心”平台报告，做好群众宣传解释、向所联系群众与上级党委、政府及嘎查村“两委”之间的信息沟通、情况通报，做好信息下传和情况反馈工作。

三、扎赉特旗基层网格化建设存在的问题

从调查情况看，扎赉特旗在社会治理智能化建设方面做了大量工作，取得了初步成效，但与先进发达地区“智慧城市”和“数字政府”相比，还存在着基础设施建设不完善、智能化共享滞后、专业人才短缺、缺乏制度保障等问题。

（一）基础设施不完善

大数据刚刚起步，数据收集、分析和管理能力不强，智能时代，大数据技术是社会治理智能化的重要依托。强大的数据收集和处理能力对于推动社会治理智能化十分重要。调研中发现，扎赉特旗大数据中心建设刚刚起步，数据录入工作尚未完成，硬件设施不完善，存储容量有限，难以满足智能化社会治理工作需要。由于大数据基础薄弱，影响了政府管理社会的效率，降低了政府服务社会的质量，也制约着社会治理智能化走向深入、走向长远。

（二）缺乏高素质信息化专业人才

社会治理智能化建设制约明显。社会治理形势不断变化，各政府职

能部门缺少懂得大数据、互联网、云计算的技术人才。由于缺少高素质的信息化专业人才，各职能部门在信息化建设的统筹规划、制定切实可行的实施方案、解决实施过程中的技术和安全等问题上受阻。而扎赉特旗由于受到地域以及信息产业发展的制约，信息化专业人才短缺与全旗信息化发展需求存在矛盾，未能建立多层次、成熟的大数据专业人才体系，这也导致了政府各职能部门内人才短缺的问题日益突出，因此影响和制约着下一步工作的开展。

（三）社会治理智能化建设相关制度建设滞后

社会治理智能化建设是一项长期的复杂工程，目前，扎赉特旗没有建立社会治理智能化建设方面的运营和管理长效机制，如投资、建设、运维、使用、监管、激励的机制不健全等。在投资和建设方面，依靠政府财政投资来推动建设，并且各部门各搞各的建设，存在重复建设多、统一专业平台建设水平低、高效处理能力弱等问题；在运营维护方面，技术类、事务类等业务没有剥离，仍由政府部门内设机构直接负责，导致运维效果差、效率低；在新的商运模式创新方面，无法充分激发社会力量参与建设的积极性和创造性，一些相关政策保障、业务监管措施尚未建立。

（四）信息整合共享不足

各治理主体“各自为政”，服务能力有待提升。扎赉特旗社会治理智能化建设尚未出台明确的整体规划，发展定位不够清晰，各部门单位开展工作“各自为政”。受管理体系分割、信息格式、技术差异等影响，或因涉密涉稳等因素，使得各个部门间业务未能开放数据端口，很难实现跨部门的数据整合、数据共享、信息共享。另外，缺乏服务平台支撑，技术欠缺，智能化服务水平能力不足。扎赉特旗尚未建立协调统一的智慧城市管理公共信息平台，互联互通和信息共享协同受阻，形成了“信息孤岛”。例如，大多数部门单位、小区、镇村均安装有视频监控，但是在需要调取影像资料时，无法通过共享来获取，大大降低了工作效率。

四、扎赉特旗加强基层网格化建设的对策建议

（一）发挥党建政治功能，提升基层党组织组织力

以严肃党内政治生活为切入点，发扬党内民主、党内监督，提高解决问题矛盾的能力。把党建和社会治理紧密连接，严格执行“三会一课”等组织生活规范化制度，通过学习不断建强基层党组织，更好发挥领导基层社会治理的坚强战斗堡垒作用。

（二）发挥党建文化功能，提升社会治理水平

着力发挥党建文化基本功能，通过党建的引领、协调、创新、凝聚作用，发挥基层党组织联系党和群众的纽带作用，担负起基层社会治理的重要任务，把党的领导贯穿基层社会治理全过程各方面，使基层治理始终沿着正确方向健康发展。

（三）发挥党建引领功能，强化制度保障

一是要建立旗委、旗政府主要领导牵头，社会治理综合应用管理中心、政法委、公安局、司法局、信访局等单位为成员的社会治理联席会议制度，及时议定社会治理重大事项，研究解决重大问题。将社会治理工作考核纳入全旗党建统领发展“三本清单”绩效考核体系，把考核结果与领导班子及干部个人考评以及干部表彰奖励、提拔使用等挂钩，并作为各级文明单位、先进单位、劳动模范评选的重要依据。

二是抓好人才培养工作。一方面要创新人才引进和激励机制，引进、培养并重，通过引进高端人才带动本埠人才的快速成长，从而形成有效的人才梯队。另一方面要完善优化人才结构，将扎赉特旗社会治理建设方面的党政人才、经营管理人才、专业技术人才、实用型人才和其他重点领域人才纳入社会治理综合应用管理中心，形成复合型、高素质的社会治理人才队伍，为扎赉特旗社会治理建设提供坚实的智力支持和人才保障。

（四）发挥党建协调功能，多元主体共同参与

充分发挥各社团组织和群众等参与主体的主动性和能动性，实现人

人参与、人人共享，实现党委领导、政府负责、社会协同和公众参与的良性互动。

（五）发挥党建引领功能，不断加强基础设施建设

搭建社会治理大数据综合应用平台，依托旗 110 指挥中心信息系统，整合全旗信息平台资源，建立完善旗、乡、村三级社会治理信息平台，将城镇管理、社会治安、信访稳定、安全生产、民生服务等领域事项全部纳入平台管理，实现“多网合一”，做到系统融合、力量整合、信息汇合。综合运用大数据、人工智能、物联网等新一代信息技术，增强社会治理和便民服务水平，真正把社会治理的触角延伸至基层，实现信息互联互通，事件及时流转汇总、分析研判、转办处理，使综合应用平台成为旗委、政府推进社会治理的重要抓手。

大数据赋能城市治理结构：主体、组织与政策的视角

陆　昱*

【摘要】城市治理是国家治理的主要组成部分和重要场域，城市治理结构是一种新型治理结构，本文主要从主体结构、组织结构、政策结构等角度对大数据赋能城市治理结构进行研究。在大数据赋能城市治理主体结构方面，大数据推动增加城市治理主体的组成元素、促进提高城市治理主体的技术能力、推动形成城市治理主体的协同关系。在大数据赋能城市治理组织结构方面，大数据消解城市治理组织结构的科层制困境、推动城市治理组织结构的扁平制建构。在大数据赋能城市治理政策结构方面，大数据助力精准识别城市治理问题、精准制定城市治理方案、精准执行城市治理政策。在城市治理过程中，推动大数据与城市治理深度融合，促进大数据赋能城市治理结构，有助于实现城市治理精细化、精准化、智能化和现代化。

【关键词】大数据；赋能；城市治理；主体；组织；政策

一、引言

自2013年《中共中央关于全面深化改革若干重大问题的决定》提

* 陆昱，管理学博士，副研究员，中国行政管理学会会员、中国行政体制改革研究会会员、广西行政管理学会常务理事，中共广西区委党校（广西行政学院）《桂海论丛》编辑部副主编。研究方向为公共政策与治理理论。

出“国家治理体系和治理能力现代化”① 这一重要命题以来，国家治理不仅成为政策探讨的重要议题，也成为学术研究的重要话语。作为国家治理体系的一部分，城市治理水平的高低和能力的强弱，在一定程度上决定了区域乃至国家治理水平的高低和能力的强弱。②

改革开放以来，我国城市化率迅速提高，城市数量快速增加。1978年，我国常住人口城市化率约为17%，到2018年年底，我国常住人口城市化率已经达到59.58%。1978年，全国共有193个城市（包括101个地级以上城市、92个县级市）。截至2022年底，全国城市数量为685个（包括297个地级以上城市、388个县级市）。在未来十几年里，我国城市化仍有较大的发展空间。《中华人民共和国国民经济和社会发展第十四个五年规划和2035年远景目标纲要》提出，加快推动农业转移人口全面融入城市；以城市群、都市圈为依托促进大中小城市和小城镇协调联动、特色化发展；发展壮大城市群和都市圈，分类引导大中小城市发展方向和建设重点。有专家预计，到2035年我国城市化率将达到75%，东部沿海发达地区的人口将进一步向中心城市聚集，农村居民将进一步向县城集中。③

城市规模的不断扩大和城市人口的不断增长给城市治理带来了巨大挑战，各国政府开始重新思考和应对城市治理。④ 与城市统治、城市管治、城市管理等相比，城市治理是指在对城市行政权力、城市政治主体的重要性没有进行预先判定的情况下，对城市进行管理的全部过程。⑤城市发展需要一个治理结构的更新变迁，它包括物质空间更新来容纳更多的人口、社会关系网络扩展以及随之而来的城市运行制度规则。⑥

---

① 中共中央文献研究室编《十八大以来重要文献选编》（上），中央文献出版社2014年版，第512页。

② 曹海军：《国外城市治理理论研究》，天津人民出版社2017年版，第98页。

③ 姚洋：《我国未来城市化的两个趋势》，《北京日报》2021年4月26日。

④ 阿莱克斯·彭特兰：《智慧社会：大数据与社会物理学》，汪小帆、汪容译，浙江人民出版社2015年版，第204页。

⑤ 乔恩·皮埃尔、陈文、史滢滢：《城市政体理论、城市治理理论和比较城市政治》，《国外理论动态》2015年第12期。

⑥ 韩福国：《现代城市治理需要有效的民主治理结构》，《新视野》2017年第3期。

2012年，艾伯特—拉斯洛·巴拉巴西在《爆发：大数据时代预见未来的新思维》中提出，大数据“掌握着我们未来行为的信息”。[①] 从大数据与治理二者关系来看，“大数据被用来提升治理效率、重构治理模式、破解治理难题，它将掀起一场国家治理革命”。[②] 大数据之所以能够对国家治理产生革命性的影响，是因为大数据能够以“数据+算法+算力”的智能模式赋能城市治理结构。而“技术推动治理结构变革的根本动因在于技术推动生产力的变革与进步，生产力的变革与进步要求包括价值观念与制度体系在内的上层建筑的变革和调整”。[③] 城市治理是国家治理的主要组成部分和重要场域，城市治理结构作为“一种新型治理结构的研究应从多个维度、多种路径来进行”。[④] 本文主要从主体结构、组织结构、政策结构等方面对大数据赋能城市治理结构进行研究，如图1所示。

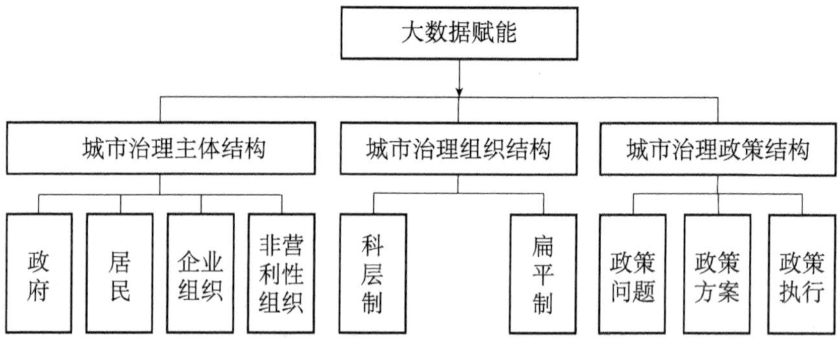

图1 大数据赋能城市治理结构示意图

二、大数据赋能城市治理主体结构

治理是各个利益主体在有着共同利益交集、能够共同施加影响的场

---

① 艾伯特-斯洛·巴拉巴西：《爆发：大数据时代预见未来的新思维》，马慧译，北京联合出版公司2017年版，第245页。

② 马建堂：《大数据：大变革、大机遇》，《光明日报》2015年9月12日。

③ 黄其松、刘强强：《论国家治理结构的技术之维》，《探索》2021年第1期。

④ 王堃：《西方地方治理结构变迁的趋势》，《学术界》2015年第5期。

所或领域，通过沟通协商、形成共识的原则实施计划、谋求变化的行动过程。[①] 在传统城市管理模式中，城市政府成为包揽城市全部事务的单一主体和“万能机构”，出于维持城市管制权力的需要，城市政府习惯介入“不该管”、“管不好”甚至“不能管”的城市事务。城市是市民创造工作价值、实现美好生活的场所，“真正的城市是由居民而非由混凝土组成的”。[②] 城市治理主体结构是指参与城市治理的主体构成、主体之间的关系特征以及主体之间的权责属性。在数据资源获取藩篱被打破的背景下，城市政府作为数据资源的垄断者的地位已不复存在，城市政府占主导地位的治理主体结构已经难以应对复杂的城市治理问题，不适应城市发展的客观要求。城市政府应充分尊重城市居民、企业组织、非营利性组织等城市主体的知情权、参与权、话语权和决策权，形成城市多元主体共同参与城市治理的新局面。在城市多元主体共同治理的新格局中，政府是大数据的主要掌控者，居民、企业组织和非营利性组织是大数据的主要创造者和消费者。由于大数据技术有着很强的数据搜集、挖掘、分析和处理能力，城市政府、居民、企业组织和非营利性组织可以凭借大数据技术，形成优势互补、协商共治的城市治理主体结构。

（一）大数据推动增加城市治理主体的组成元素

城市治理主体是城市治理结构中最有能动性、最具创造力的要素，城市治理主体的道德素养、治理能力对城市治理效能有着决定性的影响。在传统城市管理模式中，城市居民、企业组织、非营利性组织缺少参与城市事务的途径和机会，在城市管理结构中没有取得应有的地位，没有发挥有效的作用。城市管理成为对外封闭的领域，城市政府成为管理和处置城市事务的唯一主体。

随着我国城市化的快速发展，城市人口不断增多、城市功能日益繁

① 辛西娅·休伊特·德·阿尔坎塔拉：《“治理”概念的运用与滥用》，黄语生译，《国际社会科学杂志（中文版）》1999年第1期。

② 爱德华·格莱泽：《城市的胜利》，刘润泉译，上海社会科学院出版社2012年版，第14页。

杂、城市事务更加繁多，城市政府作为单一的治理主体，已经无力应对城市的复杂局面。城市治理是一个新的公共行动工具，它要求与市民社会利益攸关者建立新型的、灵活的、较少等级性和干涉性的伙伴关系。[①] 城市是政府部门、居民、企业组织、非营利性组织赖以存在和发展的地理场域和社会空间，城市治理事务越是繁多，就越需要城市居民、企业组织、非营利性组织等相关利益者积极参与城市治理，发挥和贡献他们的智慧和力量。

在数字技术时代，不同的社会主体都有使用和处理相应数据资源的能力与途径。只有相互合作，分散的数据价值才能被更好地挖掘与使用，这就倒逼政府部门认识到与其他社会主体进行协作的必要性。[②] 技术赋能治理实质上是通过降低治理信息不对称、优化治理主体之间关系来解决治理问题、变革治理体系。[③] 大数据技术是数字技术的最新发展，大数据赋能是技术赋能的最新形式。大数据赋能城市治理主体实际上是以大数据的技术力量促使城市治理权力发生转移，让城市居民、企业组织、非营利性组织由以往的城市治理对象转变成为城市治理主体，由以往的治理政策受众转变成为治理政策决策主体。[④] 通过“增加新的主体元素，以此增强了治理结构的弹性和活力”，[⑤] 改变城市政府作为单一治理主体的治理结构，形成了城市政府、居民、企业组织、非营利性组织等多元治理主体并存的新的城市治理主体结构。

（二） 大数据促进提高城市治理主体的技术能力

在大数据的赋能作用下，城市治理成为一项对技术能力有着特殊要求的公共活动。无论是城市政府部门工作人员，还是城市居民、企业组

---

① 巴纳德·朱维：《城市治理：通向一种新型的政策工具？》，焦兵译，《国际社会科学杂志》（中文版）2009 年第 4 期。

② 郑跃平：《大数据时代的公共治理：精准与协同》，《公共行政评论》2017 年第 1 期。

③ 关婷、薛澜、赵静：《技术赋能的治理创新：基于中国环境领域的实践案例》，《中国行政管理》2019 年第 4 期。

④ 陈国青、曾大军、卫强等：《大数据环境下的决策范式转变与使能创新》，《管理世界》2020 年第 2 期。

⑤ 何艳玲：《理顺关系与国家治理结构的塑造》，《中国社会科学》2018 年第 2 期。

织从业人员、非营利性组织工作人员，都需要拥有相应的技术知识，拥有相应的技术能力。可以说，谁更早地掌握着大数据技术，谁就能够在城市治理多元主体结构中有着更为有利的优势。这就极大地提高了城市治理相关主体学习大数据技术、提高自身技术能力的积极性。

从城市政府角度来看，不少城市设置了大数据管理局等相关机构，专门负责城市政务数据管理和服务工作，推进城市数字政府建设，提高城市政府工作人员收集、挖掘和处理运用大数据的技术能力。

从城市居民角度来看，是否具备一定的大数据技术，不仅意味着能否适应日益变化的时代形势，也决定了能否真正参与城市治理，表达自身合理的利益和价值需求。从城市企业组织角度来看，利用大数据不仅是开展经营活动、获取经济收入的有效方法，也是大数据背景下积极参与城市治理、争取治理话语权力、营造更好营商环境的必然选择。

从城市非营利性组织角度来看，要在政府与市场的空隙中获得生存与发展的机会，赢得其他治理主体认可、接纳与尊重，在城市治理主体结构中拥有一席之地，就更应该学习、掌握大数据技术，提高参与城市治理的技术能力。

总之，大数据技术有助于城市治理主体掌握城市治理全局、把握城市治理发展态势，有利于改变城市治理主体片面依赖经验方法的治理方式，提高城市治理主体的技术能力。

（三） 大数据推动形成城市治理主体的协同关系

与统治、管治和管理不同，“治理的合理性在于对话，而非一家定乾坤”。[①] 治理的生命力在于各个主体之间相互合作与协同，而不是某一个主体独自把控治理的资源和权力。在城市治理领域，很多问题并非是由单一原因导致，产生的影响也不一定局限在某一领域。因此，需要城市各个治理主体建立协同关系。

大数据技术的易得性、普适性使得城市居民、企业组织、非营利性

① 鲍勃·杰索普：《治理的兴起及其失败的风险：以经济发展为例》，漆燕译，《国际社会科学杂志》（中文版）2019 年第 3 期。

组织等主体更便捷、更直接获取城市治理信息和治理资源，政府无法垄断城市治理权力。随着海量的城市数据资源在城市各个治理主体之间分享和共用，城市治理日益呈现去中心化的趋势，推动城市政府主动和城市居民、企业组织、非营利性组织等主体建立协同治理关系。

第一，大数据在治理理念上促进城市治理多元主体的协同。大数据既是治理方法和治理技术，也是治理思维和治理理念，既是人们改造客观世界的方法论，也是人们认识客观世界的认识论。城市治理理念是城市治理行动的观念基础和价值指引，没有科学合理的城市治理理念，城市治理行为是盲目的，不可能取得良好的治理效能。在大数据背景下，传统的城市管理理念已经无法应对城市发展中面临的新问题、出现的新矛盾。在城市管理迈向城市治理的过程中，城市政府、居民、企业组织、非营利性组织等治理主体不仅在技术层面接受、认可、运用大数据，更重要的是在治理理念层面形成大数据思维、掌握大数据逻辑。

第二，大数据在治理方式上推动城市治理多元主体的协同。大数据技术因其自身快速的数据收集、挖掘、分析和处理能力，能够为城市政府、居民、企业组织、非营利性组织等主体进行协同治理提供良好的技术平台。首先，借助大数据技术平台，城市治理多元主体能发挥各自的资源优势，运用平台和渠道同发力、线上与线下相结合的方式对城市治理数据进行收集、分析和整合，不断增加城市治理数据资源容量，提高城市治理数据资源质量，形成城市政府主导下的多元主体互助共赢的协作模式。① 其次，借助大数据技术平台，城市治理多元主体通过协同合作，按照主题相近的原则将城市多源异构数据整合为城市政务数据库、城市经济数据库、城市民生数据库、城市文化数据库、城市生态数据库等专题数据库。以此为基础，通过大数据技术对城市专门数据资源进行深入挖掘和分析，找到城市治理问题的症结所在，探寻影响城市发展的深层次因素。

---

① 石火学、潘晨：《大数据驱动的政府治理变革》，《电子政务》2018 年第 12 期。

三、大数据赋能城市治理组织结构

在城市研究领域，“治理”指的是一种重建城市权力平衡的进程。[①] 但在“重建城市权力”的过程中，如果新组织、新观点、新势力会在治理结构中肆意扩张，那么最终会影响治理结构稳定性。[②] 影响治理结构稳定性可分为消极影响与积极影响。对于有着完善治理体系、良好治理效能的城市治理结构来说，新组织、新观点、新势力会带来消极影响，对于治理体系不完善、治理效能低下的城市治理结构来说，新组织、新观点、新势力会带来积极影响。城市治理组织结构是指城市治理中权力层级、职能分工、规则排列等要素共同构成的体系，传统组织结构主要表现为科层制。在科层制的组织结构中，公共价值的实现受到一定程度的限制，技术理性遇到一定程度的制约，找到更好的组织结构和治理方式则是公共管理研究的重要使命。[③] 大数据自身的开放、共享等属性有利于破除科层制的等级藩篱，减少科层制的上下层级、跨越科层制的烦琐程序，从而激发数据资源的潜能，推动城市治理组织结构实现扁平化。

（一）大数据消解城市治理组织结构的科层制困境

公共行政组织结构与它所处社会的生产力发展水平和社会结构状态有着密切的关系。在生产力落后的传统农业社会，公共行政组织结构形式表现为封建庄园制度。在社会分工不断细化的现代工业社会，公共行政组织结构形式表现为科层制。科层制是工业文明时期人类社会向组织化、分工化、专业化发展的结果，是公共行政组织的典型结构。科层制是实行权力纵向运行和功能横向分工相结合的组织结构，在这一组织结构中，传统的人格化行政被非人格化行政替代，人的行为被科层意志和

---

① 巴纳德·朱维：《城市治理：通向一种新型的政策工具？》，焦兵译，《国际社会科学杂志》（中文版）2009 年第 4 期。

② 刘凤、傅利平、孙兆辉：《重心下移如何提升治理效能？——基于城市基层治理结构调适的多案例研究》，《公共管理学报》2019 年第 4 期。

③ 罗梁波、颜昌武：《从单一性到复合化：中国公共管理研究的现实与未来》，《政治学研究》2018 年第 5 期。

规章制度约束,[①] 这极大提升了公共行政组织效率，科层制成为被政府部门、非营利性组织甚至一些企业组织广泛实行的组织结构。

在数字时代，随着大数据、人工智能、物联网等技术的应用，社会加速转型，工业文明时期产生的科层制遭遇了决策质量不高、行动速度低下、协作过程不畅、组织效率下降等质疑。在组织结构上，科层制表现为“金字塔”式的特征，在资源配置结构上，科层制又呈现出“倒金字塔”式的特点。这一矛盾导致科层制在纵向结构上日益繁多，在横向结构上日益僵化。

在21世纪初出现的移动互联网和当前大数据技术的影响下，技术思维不仅深刻改变了信息网络行业自身的发展模式与成长业态，也深刻影响了公共行政的价值理念和行为方式。科层制工具理性至上的逻辑与大数据时代公共价值至上的逻辑发生了冲突。[②] 大数据技术已经改变了信息与数据的传播、归集、分析方式，可以让每个人都成为数据的制造者、传输方和使用者，科层制已无法适应信息化、智能化的社会环境，无法为垄断数据的行为提供制度庇护。

传统城市管理模式主要运用科层制自上而下的强制权力实现管理意志的表达、传输与落实，但在大数据技术不断普及的情况下，大数据自身固有的数据挖掘、技术分析、去中心化的特征有力地消解了科层制的层级森严、权力控制、机构臃肿等困境。随着数据在城市各个部门、各个领域、各个组织之间实现了快速、畅通流动,[③] 已经不再需要中间层级和中转平台进行信息的上传下达。在城市治理中，大数据流通快、连接层次多的特点可以压缩科层制纵向的组织结构过多层级，打通横向的组织结构独立单元，减少了城市治理层级，扩大了城市治理幅度，优化了城市治理组织结构。

---

① 殷浩栋、汪三贵、郭子豪:《精准扶贫与基层治理理性——对于A省D县扶贫项目库建设的解构》,《社会学研究》2017年第6期。

② 丁蕖:《科层制政府的数字化转型与科层制危机的纾解》,《南京大学学报》(哲学·人文科学·社会科学) 2020年第6期。

③ 陈良斌:《技术变革时代城市治理中的大数据应用及其哲学反思》,《江海学刊》2021年第2期。

（二）大数据推动城市治理组织结构的扁平制建构

一段时间以来，学界对科层制形式对技术理性和公共价值的压制认识不足，在科层制背景下，公共性、民主治理和科学管理的实现从来都是有限度的，受到极大的制约，还有很长的发展过程，或者说还需要找到更好的治理方式和组织制度形式来替代科层制。[①] 到底什么样的治理方式和组织制度形式才是更好的，能代替科层制？

随着社会问题的突发性、复杂性、不确定性的日益增强，组织结构扁平化、弹性化就是被作为应对策略提出来的，组织结构越是扁平化，组织上下的互动就会越多和越强。[②] 就越容易产生解决问题的新思路、新方法。基于上述思路，在城市治理过程中，可以利用大数据技术的便捷、快速、共享的特点，促进调整城市治理组织结构，整合城市治理组织资源，建设扁平化的城市治理组织结构。

与传统科层制组织结构相比，扁平化组织结构有助于减少城市治理的上下组织层级，促进城市治理的横向组织沟通，为城市治理提供了灵活多样的信息传输方式。在大数据赋能和推进治理体系现代化的双重背景下，扁平化已成为城市治理组织结构发展的重要趋势。当然，这里说扁平化是组织结构发展的重要趋势，并不意味着扁平化组织结构能很快代替科层制，科层制本身的合理因素应该被保留。[③] 扁平化组织结构代替科层制将是一个渐进的历史过程，完全否定科层制而直接建立扁平化组织的想法，最终可能对扁平化组织的发展造成很大的损失，因为扁平化组织得以建立的基础恰恰是科层制的一些合理要素。

四、大数据赋能城市治理政策结构

政策结构有广义和狭义之分，从广义来说，政策结构是指由影响范

---

① 罗梁波、颜昌武：《从单一性到复合化：中国公共管理研究的现实与未来》，《政治学研究》2018 年第 5 期。

② 张康之：《在组织结构演进中图绘合作制组织》，《治理研究》2019 年第 3 期。

③ 敬乂嘉：《政府扁平化：通向后科层制的改革与挑战》，《中国行政管理》2010 年第 10 期。

围和作用领域不同的政策所构成的政策体系；从狭义来说，政策结构是指由政策问题界定、政策方案制定、政策方案执行等组成的政策过程。本文中的政策结构是从狭义角度而言的。

在传统政策结构中，往往是凭经验把脉政策问题，凭感觉制定政策方案，采取的是统一的政策执行方式。这些做法忽视了政策问题的独特性、政策方案的科学性、政策执行的机动性，导致无法精准识别政策问题、无法精准设计政策方案、无法精准执行政策方案。

精准治理是以精准的政策信息为治理基础，以对政策信息的精准分析与挖掘为治理前提，以实现有效的政策匹配为治理目的，是治理理念、治理体系与治理能力的再造过程。[①] 大数据赋能城市治理政策结构是指通过大数据技术获取治理对象的精准信息，然后运用大数据技术对获取的信息进行挖掘与分析，进而精准识别城市治理问题、精准设计城市治理方案、精准执行城市治理政策。

（一） 大数据助力精准识别城市治理问题

传统的公共管理是少数主体参与管理、信息不充分的模糊型管理，难以掌握社会各阶层的真实需求，难以识别社会存在的真实问题，最终导致公共服务供给与社会问题相脱节。[②] 在大数据时代，社会问题是国家治理关注的重点，大数据能够实现对社会问题的精确感知。运用大数据既能深入挖掘国家宏观数据，又能对社会公众的微观行为数据进行深度分析，[③] 从而实现对社会问题的精确把握。

精准治理强调的是对政策问题本源的探索和定位，在城市治理中，应注重运用大数据技术对城市治理问题的根源、层次、类型进行判断，如城市治理问题的内容是什么，城市治理问题产生的原因有哪些，如何

---

① 李大宇、章昌平、许鹿：《精准治理：中国场景下的政府治理范式转换》，《公共管理学报》2017 年第 1 期。

② 谭海波、孟庆国：《政府 3.0：大数据时代的政府治理创新》，《学术研究》2018 年第 12 期。

③ 郭建锦、郭建平：《大数据背景下的国家治理能力建设研究》，《中国行政管理》2015 年第 6 期。

有效解决城市治理问题。通过利用大数据技术精准识别城市治理问题，可以避免出现传统城市管理中的“精英俘获”“权力偏见”“政策偏离”等现象，能够有针对性地对接城市治理问题。

在大数据赋能作用下，城市的政务活动、企业行为、居民生活等都可以归为数据，人们的价值偏好、情感喜好等都可以量化。通过大数据技术对与城市治理问题密切相关的数据进行收集与集成、归类与整合，精准把握城市治理问题的内容与特征、实质与成因，准确判断城市治理问题的变化趋势，实现对城市治理问题的精准识别。

（二）大数据助力精准制定城市治理方案

当前城市政府等主体在制定治理方案时虽然已经运用了信息技术，但在一定程度上还是主要依靠城市治理主体的经验与偏好，这增加了决策失误的可能性。这就需要在城市治理中合理运用大数据技术，增强城市治理决策的科学性，① 为精准制定城市治理方案提供技术支撑。

大数据背景下的城市精准治理并不是简单地利用大数据技术对城市治理工具进行优化，而是在对城市需求数据进行广泛搜集、综合集成、快速筛选、深度挖掘后，对城市治理的个性化需求进行精准研判。在此基础上，通过相关性分析和算法模型探究满足城市治理需求的影响因子和关联因素，最终提出有针对性、精准的城市治理方案。② 大数据助力精准设计城市治理方案主要包括以下几个方面。

一是精准作出城市治理决策。精准治理是城市治理主体通过大数据技术对城市治理需求进行分析与研判，发现城市治理问题，把握城市治理规律，提高精准决策的能力。③ 通过积极回应城市居民的合理诉求，根据城市治理问题的特点精准作出城市治理决策。二是精微调整城市治

① 张明斗、刘奕：《基于大数据治理的城市治理现代化体系研究》，《电子政务》2020年第3期。

② 陈良斌：《技术变革时代城市治理中的大数据应用及其哲学反思》，《江海学刊》2021年第2期。

③ 周圣川、黄蓉、赵军等：《基于大数据的城市治理精准化服务信息平台研究与应用》，《城市勘测》2019年第4期。

理方案。城市治理问题不是一成不变的，要向城市居民提供精准服务，就必须根据城市治理问题的变化及时调整城市治理方案，满足城市居民的动态需求。① 三是实现治理问题与政策方案的精确匹配。精准治理源于对治理问题的精准把握，在于对政策供给与政策需求进行及时、精准的匹配。② 利用大数据技术可以对城市治理全样本数据进行全面整合，对城市治理问题进行多层次、多维度、多领域的细分，详细掌握城市治理问题的具体特征，实现治理问题与政策方案的精确匹配。

（三）大数据助力精准执行城市治理政策

从政策结构角度来看，政策在经过合法程序后，便是政策执行过程的开始。③ 政策执行是检测政策设计科学度的唯一标准，④ 再完美的政策设计和政策方案，如果没有付诸实践，没有得到具体执行，或者在执行中出现不足甚至无法执行，那么该政策设计和政策方案是有缺陷的。在公共政策体系中，信息传递的质量直接关系到政策执行的结果。⑤ 在传统政策结构中，政策执行主要依靠政治权威引领和政治权力推进，也在一定程度上取决于政策执行人员的价值取向与利益偏好，政策信息被封闭、被垄断，这往往导致出现迎合式执行、规避式执行、变调式执行、敷衍性执行、复制性执行等执行偏差现象。

大数据有助于城市治理政策执行部门和人员精确研判城市问题，精准知悉政策对象的差异化需求，促进政策执行由经验行动转变为科学行为。⑥ 第一，大数据赋能下的城市治理政策执行比传统的政策执行更具

① 王玉龙、王佃利：《需求识别、数据治理与精准供给——基本公共服务供给侧改革之道》，《学术论坛》2018 年第 2 期。

② 李大宇、章昌平、许鹿：《精准治理：中国场景下的政府治理范式转换》，《公共管理学报》2017 年第 1 期。

③ 托马斯·R. 戴伊：《自上而下的政策制定》，鞠方安、吴忧译，中国人民大学出版社 2002 年版，第 177 页。

④ 宁国良、罗立：《公共政策公信力：构建政府信任的重要维度》，《政治学研究》2012 年第 6 期。

⑤ 丁煌、定明捷：《“上有政策、下有对策”——案例分析与博弈启示》，《武汉大学学报（哲学社会科学版）》2004 年第 6 期。

⑥ 郑跃平：《数据时代的公共治理：精准与协同》，《公共行政评论》2017 年第 1 期。

开放性、透明性，降低了权力寻租的概率，提高了城市治理政策的公开性。第二，大数据技术为城市治理政策的执行提供了清晰的数据基础，在政策执行过程的任何一个阶段，都可以依据海量的数据资源对政策执行过程进行“回头看”“再执行”，以及时发现和纠正城市治理政策执行中的偏差现象，提高了城市治理政策的公正性。第三，与传统的单向度的政策执行过程相比，大数据赋能下的城市治理政策执行不是执行部门和人员的“独角戏”，政策对象也能借助大数据平台共同参与城市治理政策过程，共同创造城市公共价值和公共利益，提高了城市治理政策的公共性。

五、结语

在城市化进程中，我们能够找到将经济效率、生态的可持续性和社会公正结合起来，以便向“美好城市”发展的方法吗?[①] 在新的科学技术不断涌现、发展的 21 世纪，这种“方法”应该不是传统的、旧式的管理范式，而应该是与信息技术、数字技术密切相关的“新方法”。2014 年，埃里克·布莱恩约弗森与安德鲁·麦卡菲在《第二次机器革命：数字化技术将如何改变我们的经济与社会》一书中指出，“数字技术的整个框架已经搭建完成，它将像蒸汽机一样对经济和社会产生重大而深远的影响”。[②] 在数字技术时代，以大数据、云计算、物联网、5G 网络等为代表的“数字新基建”正对我国经济、社会等各领域产生越来越明显的影响。在国家治理领域，大数据能真正使城市治理摒弃传统的经验治理模式，正式迈向智能治理时代。[③]

虽然通过大数据赋能城市治理主体结构、治理组织结构和治理政策

---

① 英厄马尔·埃兰德：《伙伴制与城市治理》，项龙译，《国际社会科学杂志》（中文版）2003 年第 2 期。

② 埃里克·布莱恩约弗森、安德鲁·麦卡菲：《第二次机器革命：数字化技术将如何改变我们的经济与社会》，蒋永军译，中信出版社 2016 年版，第 13 页。

③ 陈良斌：《技术变革时代城市治理中的大数据应用及其哲学反思》，《江海学刊》2021 年第 2 期。

结构，能促进城市治理现代化，但以下几个方面的问题仍需引起注意。一是大数据的代表性问题仍然不容忽视。[①] 在城市治理中会产生海量的数据资源，面对如此丰富的数据，我们很容易被虚假的相关性误导。[②] 依据错误的数据进行决策，将给城市治理造成巨大的损失。二是大数据隐私至关重要。[③] 谁可以使用数据，为何使用数据，政府能在多大程度上获取城市居民、企业组织的数据，如何保证数据不被用来作恶。[④] 这些都是大数据赋能城市治理中无法回避的问题。三是避免盲目相信高科技和崇拜大数据的现象，要对“数据崇拜”式的大数据应用模式保持清醒的头脑，[⑤] 防止因大数据技术的微小故障而导致城市治理体系的瘫痪。大数据既是一种现象，也涉及一系列相关技术，更需要新的研究范式和思维方式与之相适应。[⑥] 正是由于技术赋能治理方案在治理体系中的有效应用，最终形成以技术赋能治理为核心的新型治理结构与治理体系。[⑦] 在城市治理过程中，要推动大数据与城市治理深度融合，进一步促进大数据赋能城市治理结构，助力实现城市治理精细化、精准化、智能化和现代化。

---

① Mergel I，Rethemeyer R K，Isett K. Big Data in Public Affairs. *Public Administration Review*，2016，76（6）.

② 阿莱克斯·彭特兰：《智慧社会：大数据与社会物理学》汪小帆、汪容译，浙江人民出版社 2015 年版，第 177 页。

③ 桑尼尔·索雷斯：《大数据治理》，匡斌译，清华大学出版社 2014 年版第 5 页。

④ Mergel I，Rethemeyer R K，Isett K. Big data in public affairs. *Public Administration Review*，2016，76（6）.

⑤ 张鸣春：《从技术理性转向价值理性：大数据赋能城市治理现代化的挑战与应对》，《城市发展研究》2020 年第 2 期。

⑥ 徐宗本、冯芷艳、郭迅华等：《大数据驱动的管理与决策前沿课题》，《管理世界》2014 年第 11 期。

⑦ 关婷、薛澜、赵静：《技术赋能的治理创新：基于中国环境领域的实践案例》，《中国行政管理》2019 年第 4 期。

省级大数据治理机构设立的公众满意度分析

傅雨飞* 张凯迪**

【摘要】大数据治理机构建设是当下我国面向数据治理所实施的一项重要政策。对其实际效用的深入分析将为今后的政策优化提供借鉴。本文通过使用CFPS数据库，将2017年四个省级政府数据治理机构的设立作为政策冲击点，通过PSM-DID估计形成准试验，对四个省份在政策实施前后的状况以及对照组和实验组状况分别进行纵向、横向对比，从而获得省级大数据治理机构设立在公众的政府满意度方面所产生的实际影响。结果发现政策促进了公众对各项公共服务满意度的提高，但对公众的政府满意度影响却并不显著。在对原因进行分析时发现，省级大数据治理机构会在一定程度上对公众的政府信任产生负面影响，从而抵消公共服务满意度提高带来的正向影响。基于以上分析提出政策建议，以期对大数据治理机构建设提供借鉴。

【关键词】数据治理；大数据治理机构；数据服务；PSM-DID；公共服务

一、问题提出

作为整合数字资源、提高政府治理能力的重要基础，打造“数字政

---

* 傅雨飞，对外经济贸易大学政府管理学院副教授。

** 张凯迪，对外经济贸易大学政府管理学院硕士研究生。

府”、发展“智慧政务”的核心机构，大数据管理机构在前期建设中究竟效果如何，产生了怎样的积极影响，存在哪些薄弱之处，目前而言，相关方面的评价性研究还较为缺乏。大多关于大数据研究选择将视角聚焦在某一公共服务上，如养老、医疗等，分析大数据管理机构在相关领域新兴模式运转中如何发挥作用。从受众角度出发，对其实际效用进行综合性评价的研究少之又少。但所谓“取之于民，用之于民”，作为一项以惠民为重要目标的建设工程，公众评价必然是不可或缺的重要标准，拥有不可替代的建设导向作用。

当下，大数据治理机构建设已成为国家治理的重要建设内容，也成为学术界探讨的重点。2015 年，国务院印发《促进大数据发展行动纲要》（以下简称《纲要》），明确提出通过大数据的发展促进政府治理能力提高，助推服务型、创新型、廉洁型政府建设的行动导向。在《纲要》提出的主要建设任务中，大数据中心等基础性机构建设被置于奠基性地位，就此引起各级政府积极响应，进入大数据治理机构的建设起步阶段。至 2018 年底，我国先后组建省级大数据治理机构 19 个，与省级以下机构合计来看，数量已近百个。各地、各级大数据治理机构的行政划分和机构命名虽各有不同，但大多都是以“大数据管理中心”或“大数据发展管理局”形式进行命名，且主要职能大都围绕大数据市场治理与大数据价值在政府治理中的应用展开。[①] 就其数量来看，我国大数据管理机构已经具备一定规模。但尚未实现数据网络全域覆盖、数字信息全面流通的目标，尚处于探索阶段，存在诸多问题，缺乏科学的理论指导和深入的分析研究。这也引起了部分学者关于大数据管理机构模式建设和框架构建的一系列探索。目前探索主要可以分为两个方面：一是如何对作为产业资源的大数据本身进行科学治理；二是如何利用大数据资源推进社会治理和公共服务的发展，这也是本文研究的主要范畴。这两方面研究与大数据管理机构主要职能是相对应的，虽然研究侧重点不

---

① 门理想：《地方政府数据治理机构研究：组建方式与职能界定》，《兰州学刊》2019 年第 11 期。

同，但都强调政府机构治理的功能及治理能力的提高。

围绕大数据治理机构效用评价的研究难点主要体现在两个方面。第一个难点是大数据治理涉及内容宽泛，难以形成逻辑融洽的综合性评价体系。单就大数据治理覆盖到的某一项或几项公共服务而言，大数据治理管理机构的建立为公共服务的精准化、政务服务便捷化、腐败防治等方面提供了重要技术支撑，推动着政府管理方式、服务水平的提升。但现实中各项服务并非独立存在，而是受到资源有限性的限制。对前期各项服务进行综合性评价有利于为之后数据治理资源有效分配提供导向。本文以公众的满意度为指标，对大数据治理应用的最终效果进行综合性评价。在大数据治理得到充分应用的服务领域，服务资源利用率与服务精准性将明显提高，进而公众对该服务的满意度也将显著提升。因此，本文选择通过公众满意度直接反映大数据治理模式的效率，间接反映大数据治理的应用程度。第二个难点是大数据治理机构试点选择并非随机进行，因而在进行评价时普遍存在内生性问题。大数据管理机构建立的地点与其他地区之间在经济发展水平、公民教育水平以及公民对政府的期待等各方面因素可能存在显著差异，而这些差异又会对效用评价产生影响，使得评价结果难以区分是来自于政策本身还是内在差异。本文通过 PSM-DID 分析方法研究大数据管理机构的组建这一事件冲击对公众满意度的影响，能较好解决内生性问题。从大数据助推惠民服务的角度出发，研究大数据治理究竟是否对公众的政府满意度产生了影响，以及产生了怎样的影响。这既是对推进大数据发展民生服务普惠化工程的进度评估，也是对后续大数据机构建设的经验积累。

二、文献综述

（一）大数据治理体系与大数据治理机构

按照研究所侧重的时期，可将当下关于大数据治理体系的研究分为两类。一类更加侧重于对更长远未来的预测与展望，主要围绕大数据所带来的新的治理条件与治理背景展开。宏观层面上，部分学者认为大数据推动国家治理中原有权力格局的改变，推动多元主体治理模式的形成（王向民，2002）。中观层面上，学者们主要将研究视角放在大数据促进政府形态和组织结构的改变上。在这一层面进行研究的学者大多认为大数据强大的信息和资源整合能力将为政府组织结构虚拟化整合提供支持，打破原来物理实体的时空限制，形成更具有协调性、整体性的组织形态，① 最终将促进新的政府形态——“智慧空间”政府的出现。② 微观层面上，主要聚焦于通过大数据的运用将有效提高公共决策的效率（段忠贤、沈昊天、吴艳秋，2018）和公共服务模式的科学性、精准性方面（张会平、李茜、邓琳，2019），如福田模式对我国政务服务的借鉴（刘民安、刘润泽、巩宜萱，2020）。这一类研究更多从理论视角出发，对未来大数据治理带来的改变进行预测，为大治理实践提供理论基础和导向。由于其预先性，供研究的客观对象较为有限，大多研究都是通过理论推演的过程得出结论，少有使用数据分析技术和实证角度，这一点在中观层面表现得更加突出。

另一类更多针对当下短期内的治理行为，主要围绕大数据在治理中的创新性应用展开，探讨科学高效的大数据治理模式和机制。部分学者将研究重点放在现有数据治理框架分析上（H. Dutta，2017）。国外来看已形成比较成熟且得到广泛认可的 DFI 框架和 GALib 框架；国内学者则结合我国国情，将研究视角放在治理的宏观架构上，探索构建出适合我国当下国情的数据治理模式（何哲，2019）；分析研究西方政策经验，以对我国大数据治理的规划战略和配套措施形成借鉴（张勇，2014）；以及研究构建一体化治理的国家大数据平台，实现共享性、流动性、协调性、效率性的数据治理（郁明星、孙冰、康霖，2020）。另一部分学者研究视角则更为聚焦，探索整个治理体系中大数据治理机构的具体职能界定和机构改革。黄璜、孙学智对地方政府数据治理机构模式建设进

① 刘晓洋：《“互联网＋政务服务”的福田经验——刘民安先生对话录》，《南方治理评论》2019 第 00 期。

② 米加宁、章昌平、李大宇、徐磊：《“数字空间”政府及其研究纲领——第四次工业革命引致的政府形态变革》，《公共管理学报》2020 年第 1 期。

行初步研究和现状总结，[①] 为后续许多大数据治理机构研究起到奠基作用。在2018年我国行政机构改革的推动之下，大数据治理机构的部门与职能研究引起学术界关注。在部分学者对国家地方大数据管理机构建设演变历程进行汇总、梳理之后，治理中的突出问题与薄弱之处浮现，并成为研究重点。[②] 在此基础上，学术界展开了对大数据治理机构内在机制、机构间信息共享与职能关系、机构体系构建等角度的研究，并从职能角度出发分析构建关于大数据治理机构的评价指标体系。[③] 这一类的研究更加注重现实应用，但大多局限于现有治理模式完整性、职能体系协调性等方面的主观评价，缺乏客观量化分析的支撑。

综合看来，在现有研究中大数据治理体系相关理论已经得到一定发展，但对于大数据治理模式和治理机构的研究目前依旧较少。尤其是地方政府大数据治理机构，现有研究大多从传统政府组织视角出发，研究其职能结构和机构设置，缺少量化研究，对其效用的评价性研究更是少之又少。

（二） 政府满意度

公共管理领域关于政府满意度的现有研究大致可以分为两个角度：一是从对过程的满意度入手，分析公众对政府合法性的认可程度；二是从对产出的满意度出发，分析公众对政府成就的评价。

前者而言，认为公众对政府的满意度主要受到政府权力运用、决策流程等过程科学化、透明度、合法化的影响。其实质是对权力、体制的合理性进行评价，核心关注点是政府权力运用过程合法性及政务体系流程的科学合理性。部分学者从公共管理伦理角度出发，强调提高政府合

---

① 黄璜、孙学智：《中国地方政府数据治理机构的初步研究：现状与模式》，《中国行政管理》2018年第12期。

② 孟庆国、林彤、乔元波、王理达：《中国地方政府大数据管理机构建设与演变——基于第八次机构改革的对比分析》，《电子政务》2020年第10期。

③ 赵豫生、林少敏、郑少翀：《大数据治理机构职能及其评价指标体系构建研究》，《中国行政管理》2020年第7期。

法性的价值选择，并发现民主、公正、绩效等因素在不同情境中对政府合法性会产生不同影响。[①] 另有学者从公共管理行为角度出发，将政府满意度的影响因素分为政府层面、公民层面、政府与公民互动三个层面，强调政府要强化整体架构科学性，提高工作绩效，保持优良的工作作风。[②] 最后，有学者从政府满意度反向作用的角度出发，研究政府满意度对公众参与政治过程的影响，发现满意度越高民众参与人大选举等政治过程积极性越高。[③] 此类研究虽然出发点不同，但结论都离不开对民主性、科学性、法治性的强调。

后者而言，研究以政策效果、公共产品和服务等公共产出为立足点，将社会公众当作顾客来看，通过公众满意度来对政府产出进行衡量。首先，研究方法上，此类研究或者以公众满意度直接作为衡量标准，对政府进行评价，或者以期望失验理论（Oliver & Desarbo，1998）为基础，立足顾客角度从公众对政府提供公共服务的预期与实际体验效果之间的落差，对政府进行衡量和评价。直接评价更加直观但无法避免受众心理因素的影响；间接评价更为科学，但受众心理预期衡量困难。两种角度各有利弊，均得到普遍使用。其次，关于满意度的指标构建也存在两种主要主张，即以主观指标为主和以客观指标为主。[④⑤⑥] 主观指标是基于公众的主观评价进行的，而客观指标则更加关注投入等外在指标的衡量。目前而言，两种方法都取得了一定的认可，但由于公共服务的产出存在难以量化的特点，大多数研究还是以前者为主。最后，关于

---

① 马得勇、王正绪：《民主、公正还是绩效？——中国地方政府合法性及其来源分析》，《经济社会体制比较》2012 年第 3 期。

② 贾奇凡、尹泽轩、周洁：《行为公共管理学视角下公众的政府满意度：概念、测量及影响因素》，《公共行政评论》2018 年第 1 期。

③ 刘伟、肖舒婷、彭琪：《政治信任、主观绩效与政治参与——基于 2019 年“中国民众政治心态调查”的分析》，《华中师范大学学报》（人文社会科学版）2021 年第 6 期。

④ Van Ryzin. Service Quality，Administrative Process，and Citizens' Evaluation of Local Government in the US. Public Management Review，2015，17（3）.

⑤ Van Ryzin. Pieces of a Puzzle：Linking Government Perfor-mance，Citizen Satisfaction，and Trust. Public Performance & Management Review，2007，30（4）.

⑥ 阮荣平、郑风田、刘力：《“新农保”提高参保农民对地方政府的满意度了吗?》，《公共管理学报》2020 年第 3 期。

政府满意度和公共产品及服务满意度方面，部分学者证明政府满意度与公共服务满意度之间存在正相关关系，[①] 另有学者则得出二者不存在这种相关关系的结论。但二者关系验证大多集中在对这种相关关系本身，少有对这种可能的相关关系内在机制的系统解释，且其研究方法多以简单回归为主，并不能很好克服内部性缺陷。

（三）述评

综合来看，学术界对于我国大数据治理机构及其在政务中的应用研究已经取得一定进展，但量化研究和效用评价的相关研究较少。本文在充分汲取前人经验的基础上，通过 PSM-DID 方法对满意度评价中的内生性问题进行处理，实现大数据管理机构实际效用的科学量化分析。从理论方面而言，大数据管理机构的特殊性决定对其研究更不能止步于传统组织视角，本文从量化角度出发对其建立的作用影响进行深入分析，弥补评价性视角的不足。从实践方面而言，本文对大数据局建设的影响及内在机制进行分析，并提出对策建议，以期对后续调整优化产生借鉴。

三、数据说明及变量解释

（一）数据说明

鉴于省级以下各个市县大数据局设立情况差异较大，在职能与行政划分上并不统一，且影响范围较小，数据效度有限。因而，本文选取省级大数据管理机构作为研究对象，研究对其辐射范围内民众满意度如何产生影响，产生怎样的影响。截至 2022 年底，我国已有 26 个省级行政区先后设立大数据管理机构，大多以“大数据发展管理局”或“大数据资源管理中心”命名。其职能主要围绕大数据市场治理和大数据在政府治理中的应用展开。由于各机构命名方式不一，这里本文根据省级政府

① Fornell Claes, Johnson Michael D. , Anderson Eugene W. , Cha Jaesung, Bryant Barbara Everitt. The American Customer Satisfaction Index: Nature, Purpose, and Findings. Journal of Marketing, 1996, 60 (4) .

或发展改革委官网所发布的政策文件为依据，以其已具备基本职能和机构架构作为成立标志。按照建成时间集中程度，我国省级大数据局的建立可划分为三个批次：第一批次是贵州、浙江、广东（均在 2015 年 11 月前）三省先行通过审批并先后建成；第二批次是在国务院《纲要》发布之后，内蒙古、重庆、陕西、江西（2017 年 1 月到 2018 年 1 月）四个省级大数据管理中心建成；第三批次包括上海、天津、北京等省级大数据管理机构建成（主要集中在 2018 年年末至今）。第一批次中仅三个省份建成大数据管理机构，样本量较少，且其建成时间间隔较大。第二批次大数据局建设处于较为前列批次，并且建成时间相对集中，研究其发展模式中的优劣，能够对后来建设大数据机构的省份提供借鉴，评估效果更加明显。为了兼顾样本量与数据可获得性，本文选择 2017 年1 月至 2018 年 1 月成立的省级数据管理机构为研究对象，对其建立前后一年相关变量进行比较分析，该批次综合了东部、中部、西北部地区，经济发展水平也有相对落差，更具有代表性。

本文样本数据来自北京大学中国社会科学调查中心（ISSS）实施的中国家庭追踪调查（China Family Panel Studies，CFPS）。本文以 2016 年和 2018 年（无中间年份）调查数据为基础，对 4 个在第二批次中建立大数据管理中心的省份进行得分匹配，对配对后的样本进行政策前后对比分析。CFPS 自 2010 年开始实施，每两年更新一次，其最新数据为 2018 年的调查结果（截至 2022 年 12 月）。通过概率抽样，CFPS 对 16000 户目标样本群体展开问卷追踪调查，访问对象涵盖全国 25 个省、自治区、直辖市。在国内众多同类数据库中具有更新快、数据全面等特征，调查结果在社会科学领域研究中得到普遍认可。而 CFPS2016 与 CFPS2018 提供了关于样本对象在社会、经济、家庭、政府等各方面详细数据，且样本量充足，为本文研究提供了充分支撑。

最后，为提高研究效度，本文在对原始数据进行常规清洗的基础之上，删除上海市统计数据。上海大数据管理机构于 2018 年 4 月建成，而 CFPS2018 调研时间集中在 2018 年 7 月以后，上海大数据管理机构虽已经正式运作，但作用时间较短，效用真正传递到公众的程度难以确定，如果作为研究对象或匹配对象则不利于研究效度提高。另外，第一批次省份在2016年之前建立大数据局，对2016年和2018年的数据均产生影响，且几乎不存在冲击性变动，相关数据予以保留。

（二）变量解释

1. 被解释变量

本文选取公众满意度作为因变量，通过公众直接评价对其政府满意度进行得分。为保证数据可获得性，具体实证过程中通过CFPS受访者对市县级政府绩效评价直接体现，且由于市县级政府在服务供给过程中与公众直接接触更多，相比省级政府评价，样本数据更具说服力。在具体数据处理时，在原始数据基础上新建变量“市县级政府得分”，并按照具体问卷选项进行1～5分赋值（有很大成绩=5，以此类推）。在此之外，为分析大数据管理机构建立与政府满意度之间内在作用机制，本文还选择社会保障、环境问题、医疗问题、教育问题、贫富分化5个评价性变量作为因变量进行分析。而内在机制分析中的干部信任和社会信任以受访者对相关问题的评价得分来衡量，而环境、医疗、教育、贫富分化、政府腐败治理、就业、住房则以“您认为该问题严重程度?”反向提问的方式来衡量。在冲击前后若得分有所降低，则意味着公众认为该问题情况得到改善，即该项服务满意度有所提升。

2. 解释变量

本文主要解释变量为时间虚拟变量（time）、处理虚拟变量（treat）和两者交互项（time & treat）。其中时间虚拟变量在大数据管理机构建立前赋值为0，建立后赋值为1；处理虚拟变量（treat）在2017年间建成大数据管理机构的四个省份（内蒙古、重庆、陕西、江西）赋值为1，其他赋值为0。时间虚拟变量的建立将方便实现大数据管理机构建立前后满意度情况的纵向对比；处理虚拟变量的建立将方便对建立大数据管理机构的处理组与没有建立的对照组进行横向对比；时间与处理的交互项则将在排除时间效应，解决内生性问题后，更加直观地反映出完全由大数据管理机构建立这一政策冲击引起的满意度变化程度。

3. 协变量

为保证匹配效度，本文通过经验分析法与 Psestimate 命令结合，对协变量进行筛选。最终选取户口状况、城乡分类、学历、年龄、婚姻、家庭人口 6 个变量作为匹配时使用的协变量，对应个人、家庭、社会三个层面。变量整体描述性统计结果如表 1 所示。

表 1　变量描述性统计

变量名	变量定义	均值	标准差	最小值	最大值
政府满意度	受访者对市县政府满意度（5 是最满意，0 是最不满意）	3.399	0.988	0	5
环境问题	认为我国环境问题严重程度（10 是最严重，0 是最不严重）	6.584	2.673	0	10
医疗问题	认为我国医疗问题严重程度（10 是最严重，0 是最不严重）	6.315	2.632	0	10
社会保障问题	认为我国社会保障问题严重程度（10 是最严重，0 是最不严重）	5.931	2.649	0	10
教育问题	认为我国教育问题严重程度（10 是最严重，0 是最不严重）	6.221	2.707	0	10
贫富差距	认为我国贫富差距严重程度（10 是最严重，0 是最不严重）	6.908	2.406	0	10
户口状况	目前户口状况（1 农业户口，3 非农业户口，5 没有户口，79 非中国国籍）	1.514	1.593	1	79
城乡分类	基于国家统计局资料的城乡分类（0 乡村，1 城镇）	0.480	0.500	0	1
学历	截至访问时的学历水平（0 文盲/半文盲，1 托儿所，2 幼儿园/学前班，3 小学，4 初中，5 高中/中专/技校/职高，6 大专，7 大学本科，8 硕士，9 博士，10 没有上过学）	3.084	1.870	0	10
年龄	年龄	46.094	16.577	16	98
婚姻	婚姻状态（1 未婚，2 在婚，3 同居，4 离婚，5 丧偶）	2.058	0.833	1	5
家庭人口	家庭人口数	4.198	2.088	1	21
政府腐败问题	认为我国政府腐败问题的严重程度（10 是最严重，0 是最不严重）	6.553	2.734	0	10

续表

变量名	变量定义	均值	标准差	最小值	最大值
信任政府	对干部的信任程度（0 是最不信任，10 是最信任）	5.024	2.656	0	10
不安全感	信任别人还是怀疑别人（5 是越小心越好，1 是大多数人可信任）	2.727	1.981	1	5
有效样本量	50304				

四、研究模型

本文采用倾向得分匹配倍差法（PSM-DID）同时克服选择性偏差和内生性问题，[①] 来研究大数据管理机构的建立是否提高了公众满意度。首先，采用倾向得分匹配法（Propensity Score Matching，PSM）选出若干指标得分最为相近的处理组与对照组，减少样本选择的偏差。但这样进行的对照比较，难以保证因变量遗漏等造成的干扰，即公众满意度的改变可分为时间效应与处理效应两部分。时间效应是指与冲击无关的，仅由于时间变化而自然产生的那一部分变动；处理效应是完全由于冲击的作用而产生的变动，也就是我们要研究的“净效应”。为了解决内部性，得出这一净效应，本文在 PSM 基础上采用倍差法（Differences in Differences，DID）对大数据管理机构建立前后的数据比较，研究该项“政策冲击”是对公众满意度效用究竟如何。具体回归模型如下：

$$Y_{it}=\alpha_0+\alpha_1 year_{it}+\beta_0 treat_{it}+\beta_1 year_{it}\times treat_{it}+\beta_2 X_{it}+\delta_i+\varepsilon_{it}$$

其中，Y_{it} 反映个体 i 在 t 时期的实际情况；$year_{it}$ 为时间虚拟变量，2017 年之前，政策效应尚未发生，$year_{it}$ 取值为 1，2017 年之后取值为 0；$treat_{it}$ 为分组虚拟变量，建立大数据局所在省份的样本取值为 1，否则取值为 0；交互项 $year_{it}\times treat_{it}$ 反映大数据建立后的个体虚拟变量；其系数为 β_1，β_1 估计值衡量了建立大数据局的实际效果；X_{it} 表示对被解

① 刘瑞明、赵仁杰：《西部大开发：增长驱动还是政策陷阱——基于 PSM-DID 方法的研究》，《中国工业经济》2015 年第 6 期。

释变量产生明显影响的一组协变量，主要包括户口状况、城乡分类、学历、年龄、婚姻、家庭人口；δ_i 为控制个体固定效应；ε_{it} 为随机扰动项。①

五、实证分析及结果

（一）PSM 评价结果

基于前文选取的留 6 个协变量，本文采用最近邻倾向得分的方法，对实验组和控制组协变量数据进行 1∶1 匹配。初步估计结果如表 2 所示。从表 2 中可以看出环境问题、医疗问题、社会保障问题和教育问题等变量，在 1%显著的水平上，处理效应为负。

表 2　PSM 影响评价结果

变量名	平均处理效应	标准差	T 检验值
政府满意度	−0.269	0.021	−1.29
环境问题	−0.193***	0.055	−3.52
医疗问题	−0.226***	0.057	−3.95
社会保障问题	−0.201***	0.054	−3.75
教育问题	−0.151***	0.056	−2.70
贫富差距	0.016	0.049	0.32

注：***、**、* 分别表示估计结果在 1%、5%、10%的水平上显著。

（二）PSM-DID 评价结果

通过初步 PSM 匹配结果可知，大数据治理机构的建立对政府满意度的处理效应是不显著的，至少不能说提高了公众的政府满意度。为增强结果说服力，在进行 DID 分析之前，本文通过多次 PSM 匹配对政府满意度进行初步估计，结果如表 3 所示。由表 3 可知，多种匹配方法结果一致性较好。

① 董艳梅、朱英明：《高铁建设能否重塑中国的经济空间布局——基于就业、工资和经济增长的区域异质性视角》，《中国工业经济》2016 年第 10 期。

表 3　PSM 影响评价结果（政府满意度）

解释变量	处理效应	标准差	T 检验值
卡尺内 k 近邻（k=1，卡尺=0.25）	−0.2689	0.0208	−1.29
卡尺匹配（卡尺=0.25）	−0.0191	0.0195	−0.98
k 近邻匹配（k=1）	−0.0309	0.0219	−1.41
核匹配	−0.0185	0.0195	−0.95

为探究省级大数据局建立的实际影响，本文在根据影响结果的协变量进行匹配并检验可靠的基础之上，在此进行 DID 分析，分析结果见表 4。由表 4 可知，政府满意度交互项系数为负，且结果仅在 10%的水平上显著。这一结果与 PSM 初步估计结果接近。说明大数据局的建立提高了公众政府满意度的假设并未通过检验。与此同时，环境问题、医疗问题、社会保障问题、教育问题、贫富差距等变量交互项系数均在 1%的水平上显著为负。这意味着省级大数据局的建立，在受访者对环境、医疗、社会保障、教育、贫富差距调节等公共服务满意度提高的方面起到了不同程度的正向影响。最后，通过对比分析也可大致了解目前大数据局建立这一政策冲击对不同公共服务的影响差异，据此可对今后大数据局建设过程中的功能应用倾向性产生启发，鉴于篇幅，此处不再展开。

表 4　PSM-DID 影响评价结果

解释变量	政府满意度	环境问题	医疗问题	社会保障问题	教育问题	贫富差距
户口状况	0.0054** (0.004)	0.0138** (0.004)	0.0008 (0.872)	−0.0045 (0.346)	−0.0141** (0.004)	−0.164*** (0.000)
城乡分类	−0.0939*** (0.000)	0.2583*** (0.000)	0.2063*** (0.000)	0.1276*** (0.000)	0.1935*** (0.000)	0.2478*** (0.000)
学历	0.0346*** (0.000)	0.1585*** (0.000)	0.1444*** (0.000)	0.0984*** (0.000)	0.1345*** (0.000)	0.1408*** (0.000)
年龄	0.0038*** (0.000)	−0.0148*** (0.000)	−0.0271*** (0.000)	−0.304*** (0.000)	−0.0312*** (0.000)	−0.0213*** (0.000)
婚姻状况	−0.559*** (0.000)	0.0761** (0.003)	0.2142*** (0.000)	0.1216*** (0.000)	0.1569*** (0.000)	0.0490** (0.038)

续表

解释变量	政府满意度	环境问题	医疗问题	社会保障问题	教育问题	贫富差距
家庭人口	−0.0097** (0.007)	−0.0029 (0.750)	−0.0143 (0.117)	0.0200** (0.027)	0.0144 (0.125)	−0.109 (0.193)
time	0.0032 (0.872)	−0.4048*** (0.000)	0.6027*** (0.0000)	0.5020*** (0.000)	0.6212*** (0.000)	0.3170*** (0.000)
treat	−0.0097 (0.598)	−0.0566 (0.222)	−0.0714*** (0.128)	−0.1159** (0.013)	0.6212*** (0.000)	0.1566*** (0.000)
time×treat	−0.0470* (0.089)	−0.3076*** (0.000)	−0.3333*** (0.000)	−0.2546*** (0.000)	−0.2469*** (0.001)	−0.2193*** (0.001)
_cons	3.3202*** (0.000)	7.6033*** (0.000)	6.3839*** (0.000)	6.4327*** (0.000)	6.5361*** (0.000)	7.1583*** (0.000)
N	21153	21153	21153	21153	21153	21153
R^2	0.0076	0.1040	0.0580	0.0559	0.0638	0.0497
F	18.04	272.61	144.58	139.14	160.18	122.79

注：*、**、*** 分别表示在10%、5%和1%的水平上显著；括号内为P值。

（三）内在机制分析

实证结果证明大数据局在公共管理中的应用，不同程度上提高了公众对于环境、医疗、社会保障、教育、收入再分配等公共服务的满意度，但却并没有因此在提升公众的政府满意度方面发挥显著促进作用。原因有两个方面：一是公众的政府满意度与公共服务满意度之间没有必然联系；二是公众的政府满意度在公共服务满意度之外还受到其他因素影响。公众对于政府的满意度与公共服务的满意度之间存在正向相关关系，这一点在此前诸多研究中均已获得证实。①②③④ 因此，公众对于公共服务满意度的提升理论将会带来公众对政府满意度的提升。对于该结

① 保海旭：《信任对公共服务满意度的影响及其区域差异化研究——基于CGSS2015年中国28个省份的截面数据》，《管理评论》2021年第7期。

② GTOSSO A L，VAN R G. Public Management Reform and Citizen Perceptions of the UK Health System. International Review of Administrative Sciences，2012，78（3）.

③ 吴进进：《腐败认知、公共服务满意度与政府信任》，《浙江社会科学》2017年第1期。

④ 王殿茹、靳恬越：《民众生活满意度对政府信任度的影响》，《产业与科技论坛》2022年第11期。

果的产生，本文认为还存在其他影响因素，即大数据局的建立除了导致公众对公共服务满意度提高之外，还引起了其他因素的变动，而这些因素的变动抵消了公共服务满意度提高对公众的政府满意度带来的正效应。基于现有数据，本文对信任干部、政府腐败问题、社会信任等可能因素进行检验，结果如表 5 所示。

表 5　内在机制检验

解释变量	信任干部	政府腐败问题	社会信任
time	0.2131*** (0.000)	0.1464*** (0.006)	0.2555*** (0.000)
treat	−0.0804** (0.099)	−0.0295 (0.551)	0.0479 (0.225)
time×treat	−0.2501*** (0.001)	−0.1132*** (0.000)	−0.0338 (0.568)
_cons	4.8123*** (0.000)	5.3154 (0.127)	2.7541*** (0.000)
N	21153	21153	21153
R^2	0.0330	0.0278	0.0336
F	80.16	67.12	81.69

注：*、**、*** 分别表示在 10%、5%和 1%的水平上显著；括号内为 P 值。

通过观察表 5 中交互项结果可知，省级大数据局的建立对公众的干部信任程度产生的影响是消极的，且显著性较好。与此同时公众也认为政府腐败问题的严重程度有所降低。最后，未发现政策对公众的社会信任方面有显著影响。因而可知，首先，大数据局在腐败治理方面的应用已有成效，且未发现对公众信任他人还是怀疑他人的倾向产生影响。从而对政府干部信任的下降并非是由于这两个因素影响产生的。其次，大数据建立对于某些其他政府满意度的影响因素影响比如对政府的信任等，产生了负面影响，进而抵消公共服务满意度提高带来的正效应。

六、稳健性检验

（一） 平衡性检验

为保证结果准确，本文对匹配结果进行平衡性检验，检验结果整理如表 6 所示。由表 6 可知，匹配前对照组与处理组变量之间存在显著差异，而匹配后偏差整体减小，显著差异得到明显消除，即匹配后变量的 T 检验 P 值均大于 10%，实验组与对照组之间变量偏差不再显著，两组样本基本特征更加趋于一致。由此可知匹配结果通过平衡性检验，匹配结果可靠。

表 6　匹配平衡性检验结果

变量名	变量代码	匹配情况	平均值		标准偏差%	偏差变动%	T 检验	
			实验组	对照组			T 值	P>｜t｜
户口状况	X_1	匹配前	1.652	1.505	4.3	73.2	4.77	0.000***
		匹配后	1.651	1.313	1.4		0.41	0.685
城乡分类	X_2	匹配前	0.458	0.481	−4.6	92.3	−2.38	0.018**
		匹配后	0.458	0.460	−0.4		−0.13	0.894
学历	X_3	匹配前	2.917	3.094	−9.7	96.6	3.38	0.001***
		匹配后	2.917	2.911	0.3		1.29	0.899
年龄	X_4	匹配前	47.114	46.033	6.5	47.2	3.38	0.001***
		匹配后	47.117	46.543	3.4		1.29	0.198
婚姻状况	X_5	匹配前	2.053	2.059	−0.7	−739.7	−0.37	0.708
		匹配后	2.053	2.002	6.2		2.49	0.013**
家庭人口	X_6	匹配前	4.160	4.201	−2.0	7.1	−1.01	0.312**
		匹配后	4.160	4.122	1.9		0.74	0.461

注：*、**、*** 分别表示在 10%、5%和 1%的水平上显著。

（二）反事实检验

本文通过倍差法分析大数据局产生影响的逻辑是建立在实验组存在建设大数据局且已开始运作这一事实前提基础之上的。为检验这一前提存在，本文对实验组建立大数据局之前的数据进行实证分析，验证被解释变量不会随时间改变而改变。在此，本文假定 2015 年为原实验组受到政策冲击的时间点，选取 2014 年和 2016 年 CFPS 数据进行分析。根据结果，环境、医疗、社会保障、教育、贫富分化的交互项结果并不显著，即并没有产生明显变化。鉴于篇幅，这里不再一一展示。检验结果表明被解释变量的变动的时间安慰剂效应得到充分检验，原模型稳健。

七、结论与启示

本文基于CFPS2016—2018年数据，通过PSM-DID方法对省级大数据局的建立是否提高公众的政府满意度进行分析，并通过进一步检验尝试找出内在机制。得到结论如下：第一，整体上看，在政府满意度分析中，多次PSM和PSM-DID均显示结果不显著。因此省级大数据局的建立提高公众的政府满意度假设未通过检验。第二，具体来看，在公共服务满意度分析中，环境问题、医疗问题、社会保障问题、教育问题、贫富差距等变量交互项系数显著水平均在1%范围内，且结果显示这些公共服务满意度均得到不同程度的提高。第三，但在内在机制分析中，政府腐败问题解决程度的结果显著，且系数为负，而信任干部交互项系数则在1%的显著水平上为负，即省级大数据局的建立降低了公众对政府的信任。综合上述分析，本文认为，大数据局的建立对提高公共服务质量发挥了积极作用，但由于干部数字素养、信息安全等问题的存在，导致社会心理的变动，进而抵消了公共服务质量提高对政府满意度的正向影响。

基于以上结论，在大数据局建设方面总结以下启示：第一，进一步明确大数据治理机构职能定位，巩固深化其在优化公共服务质量中的积极作用，促进数据治理与公共事业深度融合。第二，扩展大数据在公共服务中的覆盖范围，体现大数据在其他公共服务质量及政府组织效率提高方面的作用。第三，加快解决数据权、信息伦理等问题，加强政务数据安全建设，提高公众对数据安全的信心。第四，提高干部大数据工作能力和理论水平，提高大数据背景下公众对干部的信任程度。综上，大数据局建设在我国政务建设和公共服务优化中具有重要作用，需要从全局出发、统筹兼顾，从而提高整体效益。

数字政府建设路径及优化途径研究

郭坚刚[*]　骆　巧[**]

【摘要】进入数字时代，面对信息技术的高速发展和人民群众的需求转变，政府迫切需要增强战略利用数字技术的能力，实施创新型管理服务。近年来，我国积极推动数字政府建设，数字治理成效日益显著，但仍存在专业技术支撑不足、基础设施不完善、体制机制不健全等结构性障碍，认知不协调、风险规避与内卷、期望不确定等文化障碍以及安全保障体系不完善等问题，通过重塑体制机制，转变传统理念，加强技术支撑，强化安全保障追求整个政府转型，对加快推进我国数字政府建设具有重要意义。

【关键词】数字政府；结构性障碍；文化障碍；优化途径

当今，全球已步入以数字化为引领，全面推动治理变革，重构地区核心竞争力的新阶段。[①] 2022 年 4 月，中央全面深化改革委员会第二十五次会议强调，要在政府管理服务领域广泛应用数字技术，推动政府运行数字化、智能化。2022 年 6 月，国务院印发的《关于加强数字政府建设的指导意见》（以下简称《意见》）指出，加强数字政府建设是推进国家治理体系和治理能力现代化的重要举措，要进一步加大力度，改革突破，创新发展，全面开创数字政府建设新局面。运用数字技术实现政府供给端和需求端变革，使人、时间、空间、服务、管理产生全新交互，

---

* 郭坚刚，博士研究生、嘉兴南湖学院党委副书记。

** 骆巧：嘉兴南湖学院组织部干部。

① 陈蒋辉：《“十四五”时期数字化战略发展的机遇》，《金融博览》2021 年第 6 期。

社会治理更为精准有效。

一、我国数字政府建设实践路径

数字政府坚持以人民为中心，通过发挥大数据智能驱动作用，为社会输出整体式、智能化、精准化、高效率、主动式的政府管理和服务。① 当前，受经济发展水平、科技人才力量、政策环境等因素影响，我国各级政府推进数字政府建设程度不一，但实践路径主要沿着以下四个方向。

（一）建章立制强化顶层设计

在推进数字政府建设中需要制定清晰的战略路径，建立完善统一的管理机制，才能有效释放政府治理效能。② 1999 年，我国启动电子政府建设，通过推进政府网站和办公自动化，提升办公及管理效率。随着数字时代的来临，数据科技井喷式突破，为进一步满足人民的需要，电子政府逐渐向数字政府转变，通过数据共享和聚合利用不断提升整体智治水平。2015 年 8 月，国务院在《关于促进大数据发展的行动纲要》中强调要将大数据作为提升政府治理能力的重要手段，党的十九届四中全会明确提出推进数字政府建设要求，党的十九届五中全会进一步提出要加强数字社会、数字政府建设，提升公共服务、社会治理等数字化智能化水平。2022 年 6 月，《意见》的发布为全国开展数字政府建设提供了根本遵循。在中央号召引领下，国内各省级行政区加速推进数字政府建设，结合本地特色相继出台完善数字政府建设相关制度，如浙江省先后出台《浙江省数字化转型标准化建设方案（2018—2020 年）》《浙江省深化“最多跑一次”改革推进政府数字化转型工作总体方案的通知》《浙江数字政府建设“十四五”规划》《关于深化数字政府建设的实施意见》等文件。广东省先后出台《广东“数字政府”改革建设方案》《广东“数字政府”建设总体规划》《广东省数字政府改革建设“十四五”规划》等文件。全国多地建立省、市、县三级数字政府建设领导小组，设

① 马颜昕等：《数字政府：变革与法治》，中国人民大学出版社 2021 年版，第 29 页。

② 徐家林、赵宬斐：《促进数字政府整体智治》，《中国社会科学报》2022 年第 6 期。

立政府电子政务办、大数据发展管理局等管理机构，站在全省一体化的视角统筹推进数字政府建设。截至 2022 年底，我国已有 26 个省级行政区成立了大数据管理机构负责指导数字政府建设。

（二）数据集约共享协同管理

数据归集是数据利用的基础，只有将海量分散的数据进行收集、分类、筛选、整理，才能更好地挖掘数据价值。政府部门数据来源复杂、涉及面广、内容多元、指标多样，为改变以往部门系统独立、功能分割、业务隔离、资源分散的局面，各地政府部门通过搭建“政务云”平台，将跨部门、跨区域的数据信息按标准规范条块归总，同步汇集到统一系统，实现数据信息联通，如贵州省建立“云上贵州”系统，汇集了交通、环保、旅游等多业务部门、多应用领域的数据信息；广东省按照“1＋N＋M”（1 个省级政务云平台，N 个特色行业云平台，M 个区域级和地市级政务云）布局规划建立政务云平台，推动超过 1250 个政务信息系统迁移“上云”；[①] 浙江省建设政务“一朵云”，整合省级政府部门信息系统，形成人口、法人、公共信用、电子证照等基础数据库。国家层面建立国家数据共享交换平台，横向连接 72 个中央部门，与 32 个省级地方平台产业数据互联互通。

（三）数据融合提升综合服务能力

数字政府基于民众需求，注重“用户思维”，是需求导向型和公众响应型的及时性政府。[②] 实现为人民服务的治理目标是数字政府建设的首要任务。[③] 2016 年政府工作报告指出，要大力推动“互联网＋政务服务”，此后各部委、省市政府通过加强数字基础设施建设、数据平台开放共享等举措将业务向政务云上迁移，构建政务服务“一窗受理＋一网通办＋一证办理”一体化服务模式。浙江省以“最多跑一次”改革为牵

---

① 薛粟尹：《山西省数字政府建设的现实困境和优化路径研究》，山西财经大学 2022 年硕士学位论文。

② 张国祥：《数字化语境下的地方政府创新型社会治理体制机制研究》，《湖北社会科学》2014 年第 7 期。

③ 邵婧婷：《加强数字政府建设 提升政府治理效能》，《中国社会科学报》2022 年第 8 期。

引，建立一体化移动服务，与阿里巴巴等互联网企业合作推出面向群众的一体化办事App“浙里办”，涵盖数百项便民业务，全省政务服务网上办事率达100%，掌上办事率超过80%，“掌上办事”之省打造初具成效；推出面向公职人员的办公App“浙政钉”，上线各类办公、决策辅助应用1200余个，进一步优化了机关内部“一件事”集成化、协同化运行流程。贵州省依托数据归集平台“云上贵州”系统将政府部门各应用系统统一接口，实现省域内市、县、镇、村各级行政机构电子政务全覆盖，推行企业个人全生命周期“一件事”集成服务，同时推出“云上贵州多彩宝”和“贵人服务”政府服务移动应用端，“云上贵州多彩宝”自2015年上线以来已实现3380余项高频服务事项的在线查办。2019年全国一体化政务服务平台整体上线试运行，服务范围包含46个国家部委1376个行政服务事项，直通31个省（自治区、直辖市）、新疆生产建设兵团的551万多个政务服务事项，截至2022年9月已汇聚政务服务办件13.6亿余件，实施事项近570万项。

（四）数字驱动提升综合治理能力

推进数字政府建设，不单体现在为民服务的具体事项上，还要着眼于全面引领驱动社会数字化发展。① 政府部门利用云计算、虚拟现实、物联网、新一代人工智能和区块链等新型信息技术革新政府治理手段和治理模式，推动政府治理体系数字化变革。新冠疫情防控期间，以“健康码”“行程卡”为标志的数字化疫情防控系统，通过运用实时在线数据分析技术及各类智能算法，让决策更加精准、管理更为科学，有效提高了疫情防控和社会管理水平。在数字赋能城市建设、产业发展、乡村治理等方面，各级政府部门也作了有益尝试。一是推动大数据、物联网、新型人工智能等现代化数字技术在交通、医疗、文旅、环保等重点行业领域深度融合运用，不断拓展数字技术应用场景。如2016年浙江省杭州市启动“城市大脑”建设，开通卫健系统、文旅系统等48个应用场景，“亲清在线”系统涵盖企业诉求在线直达、政府政策在线兑付、

① 邵景均：《以人民为中心加强数字政府建设》，《中国行政管理》2022年第7期。

政府服务在线落地、政策绩效在线评价、审批许可在线实现五大功能，“舒心就医”系统可实现患者就医先看诊后付费，“文旅”系统可实现游客“20 秒景点入园”“30 秒入住酒店”，“交通”系统通过大数据分析精准捕捉路况信息，智能控制红绿灯提高车辆通行效率。目前，我国已有近 500 个城市宣布建设“城市大脑”。二是完善数字经济治理体系，提高综合信息服务水平。利用数字技术加速产业链、供应链、价值链重构，推动传统产业形态和生产方式向智能化、网络化、平台化转变，积极推动直播电商、短视频等数字新业态的发展。《中国数字政府数据治理市场厂商份额，2021》报告显示，2021 年我国数字政府数据治理市场整体规模达 39.7 亿元，年复合增长率为 15％。三是推进数字乡村建设，将数字技术与农业、制造业、旅游业等融合，提高乡村综合信息服务水平。如浙江乌镇建立“乌镇大管家”应用系统，实时监控、记录、汇总全乌镇范围内产生的各类问题、事故，并通过平台进行调度处理，进一步提升了乡镇运维服务能力。

二、我国数字政府建设中面临的挑战

当前我国数字政府建设取得积极成效，但在转型发展过程中，一些制约发展的瓶颈因素也不断显现，主要体现在以下三个方面。

（一）结构性障碍突出

一是基础设施不完善。受经济发展水平和专业技术能力制约，一些偏远城镇和乡村地区数字化建设配套物理基础设施尚未完善。各政府部门数据系统建设缺乏统一标准规范，数据资源整合不足，“信息孤岛”“数据烟囱”等割据现象仍然存在，跨省、跨区域政务云联动效率不高。公共服务综合性应用体系还不够健全，公共卫生、自然灾害、事故灾难等重大突发事件应急处置系统不够完备。二是专业技术支撑不足。缺乏既懂政务又懂技术的复合型人才，大多政务人员不懂专业数字技术，不能对手中掌握的数据进行充分挖潜增效，研发人员因不熟悉政府服务，不能充分利用数据满足公众和政府的个性化需求。大数据挖掘、大数据预处理、大数据分析等核心技术欠缺，软件开发利用水平不高，对数据规模化、集约化、科技化处理要求较高的领域技术支撑不足，服务器承载能力不够，如 2022 年 9 月成都市在大规模疫情防控中出现“健康码”系统瘫痪的情况。三是体制机制不健全。出于属地管理、权责关系等因素各部门单位的信息互通、共享机制不完善，政府部门、企业、社会组织和公民间的数据存在壁垒，缺乏互操作性，信息资源开放共享水平、数字应用效率和监管水平不高，数据资源利用率低。

（二） 文化障碍明显

一是公职人员和群众对数字化的认知不协调。部分公职人员缺乏数据采集意识和数据分析意识，虽然掌握相关数据但未及时将数据上传，导致海量政务信息碎片化、无序化；部分群众对新型数字化基础设施不了解，认为与自身关系不大，对政府部门的财政投入不支持不理解，对相关数字化服务系统不使用，导致资源浪费。二是部分公职人员存在风险规避和“内卷”思想。一方面旧体制观念顽固，对数字变革存在本领恐慌，害怕因操作不当而丢失既得利益，对数字化建设存在“看一看，等一等，放一放”的态度；另一方面出于政绩心理，部分机关单位在数字化建设中没有充分结合实际情况进行整体规划，出现重系统配置、轻应用体验的情况，高投入建设一些整体使用率不高的项目。三是期望不确定性导致顶层设计落地性差。顶层设计站在全局层面统一规划，各线条数字化工作没有主次排序，具体实施细则、办法和对无形成本的预估不够完善，在具体推进过程中，各部门单位容易不分主次“眉毛胡子一把抓”，或因担忧成本与回报不成正比而搁置推进。

（三） 安全保障体系不完善

一是政企合作安全运维存在风险。在推进数字政府建设过程中，各地政府部门大多选择“政企合作”的模式，与技术服务商合作搭建数字化平台，开发数字化应用场景，但政府项目涉及私人隐私信息及国计民生敏感数据，技术服务单位人员综合素质层次不一，在多系统平台建设过程中容易受经济、技术等因素影响导致信息泄露。二是部门单位数据

“保”与“放”边界不明确。数据信息共享和大数据手段形成用户多维度精准画像，但数据上传者与数据使用者在数据开放与保护方面没有形成明确规范，权责不清容易产生监管空区，出现安全防护漏洞，不仅不能充分发挥数据成效还使得网络诈骗和敲诈勒索更有针对性。三是安全意识不足，相关法律法规不够完善。当前，相较数据利用过程中的安全隐患，人们更多的关注点在于数据所带来的红利，对数据安全隐患认识不充分，大数据公开、个人信息安全等法律法规不够细致完善，动态监管不够严密，政府人员、社会组织和个人容易利用信息数据牟利，出现数据滥用、信息轰炸等安全问题。

三、数字政府建设优化途径

数字政府建设是顺应大数据时代潮流的必然产物，对社会经济发展、公共管理和生产生活方式转变具有重要意义。但数字政府建设是一项复杂性系统性工程，涉及体制、技术、应用、安全等多方面内容，需要从体制机制重塑，传统观念转变，专业技术支撑，数据安全保障等方面不断完善，提升政府现代化治理水平。

（一）优化体制机制，统一基础规范

一是健全党委领导、行政负责、市场运作的运行机制。充分发挥党委把方向、管大局、保落实的引领作用，政府牵头制定数字化统一规划、建设和运营标准，以数字化再造政府服务流程为契机，建立一套覆盖全领域、全流程的协同推进工作机制和数据开放共享机制，引导社会各方参与治理。二是建章立制细化考核，在对政府部门、机构数字化改革成效整体考核基础上，强化对数据共享、数据更新、政务协同等方面的考核，形成“倒逼机制”。三是加强城乡基础设施建设，加大资金投入，将城乡数字建设纳入政府财政预算，增加农村互联网接入端口数量和光纤覆盖面，建立乡村数据库归集水利、水电、农业生产等数据，利用智慧管理平台推进农村数字化发展。

（二）加强宣传引导，推动理念变革

一是加强现代化行政文化建设，改变传统权力本位、政府本位观念

和政绩观，着力破除思想固化、观念老化等问题，坚持“以人民为中心”，树立共享、开放、责任、民主、公正的价值取向。二是出台激励政策，改变传统认为改革发展是政府部门“唱独角戏”的观念，鼓励引导企业和个人抛弃“旁观者”心态，积极发挥多元化、专业化、市场化、社会化优势，深度参与数字化改革。三是加强数字化应用宣传推广，全面展示数字化改革成果，让人民群众切实感受体悟数字化改革发展成效，积极为数字化改革建言献策。

（三）强化技术支撑，多维度激发数据价值

一是加强政企合作，在保护国家安全和公众权益的前提下，将政务数据与企业收集的社会数据进行对接，促进政企数据的流通融合，利用丰富多样的数据为政府、企业决策提供充分支撑，努力提高信息资源开发利用深度。二是加强复合型数字化人才培养，提升数据利用转换能力。一方面要充分利用部门现有人才，搭建数字技能学习平台，加大培训力度，建立专业考核体系，让懂政务管理的人懂技术；另一方面政府要与高校、科研机构和企业加强合作，鼓励高校开设大数据相关专业联合培养既懂管理又精通数字技术的专业人才，强化核心技术研发。三是规范数据汇集标准，制定统一的数据格式、架构，促进数据精准对接、同步更新，扩大数据共享覆盖面，提升数据开发应用率。

（四）强化立法教育和技术运用，构建数据安全体系

一是细化法律法规。针对数字政府建设、大数据公开、个人信息安全出台针对性法律法规，明确数据权责边界、使用规范、应用标准及数据安全保护责任。二是加强人员数据安全教育。规范数据管理人员在电脑使用、数据流转、信息传播等方面的行为，强化日常监督，严格落实保密工作制度。三是强化区块链技术运用。基于区块链去中心化、可追溯和不可篡改等特性，深化区块链与大数据、物联网、云计算、人工智能等技术的耦合融合，推进数据共享运用、数字平台建设和政务创新管理。

“数字鸿沟的三重维度”视角下数字西藏建设的实践症候及弥合路径*

才让东知**

【摘要】信息技术在促进数字经济和信息社会迅猛发展的同时，也不断加剧了西藏城乡之间、阶层之间、代际之间的差距。数字鸿沟不仅是单纯的技术问题，而且是社会、经济、文化、制度等综合维度下的现实困境。本文基于“数字鸿沟的三重维度”这一分析框架，指出数字鸿沟是“数字西藏”建设的实践症候，更是西藏实现高质量发展和共同富裕的阻碍因素。从弥合数字鸿沟的视角提出缩小城乡互联网接入，促进阶层人力资本公平发展，增强弱势群体获取信息和处理的能力等层面的对策建议。

【关键词】数字鸿沟；“数字西藏”；不均衡；社会公平

一、问题的提出

技术与社会发展的关系是自然科学与社会科学交叉研究的议题。20世纪中期，信息通信技术（information and communications technology，ICT）的发明和传播是人类社会史上的一次飞跃。尤其是到20世纪八九十年代，数字化技术发展和更新，信息技术已逐渐成为社会主要的

* 本文系2022年度西藏自治区哲学社会科学专项资金项目“民族团结进步视域下西藏城市互嵌式社会结构和社区环境研究”（项目编号：22CGL06）的阶段性成果。

** 才让东知，中共西藏自治区委员会党校（西藏自治区行政学院）公共管理教研部讲师。研究方向：数字政府、应急管理。

生产要素。数字化起初始于商业领域，是为了提升企业办公和管理效率。进入21世纪，伴随大数据、云计算、区块链、人工智能、5G等新兴技术的推广，借助新兴信息技术提升治理能力和服务能力已是时代趋势。但各区域间因信息技术发展程度和人们使用信息技术应用能力存在差异，由此产生的数字鸿沟现象引起政府和学术界的极大关注。

党的十八大以来，以习近平同志为核心的党中央提出了网络强国战略思想，作出了建设数字中国的决策部署。"数字西藏"是落实网络强国战略、建设数字中国的重要组成部分。《西藏"十四五"规划和2035年远景目标建议》明确指出，实施"数字西藏"建设。《西藏自治区数字经济发展规划（2020—2025年）》《"数字西藏"建设三年实施方案（2020—2022年）》《"智慧西藏"建设三年实施方案（2020—2022年）》，布局了数字西藏发展的20余项战略目标和基础设施、数字工程、应用场景等50余个重大项目。[①] 其内容涵盖智慧旅游、智慧农牧业、电子商务等智慧化应用，实现西藏社会管理和社会服务精细化、自动化、智能化，为"神圣国土守护，幸福家园建设"提供坚强科技支撑，助力西藏高质量发展。

近年来，西藏自治区顺应数字化转型趋势，高起点推动数字西藏建设，取得丰硕成果。但因起步较晚，底子薄弱，政府、社会、经济三个层面全方位实现数字化、智能化的目标，面临各种现实挑战。其中，数字鸿沟就成了阻碍数字西藏建设的主要因素。

本文的研究构架基于这样的逻辑：首先，对现有文献进行回顾，试着回答何为数字鸿沟；其次，把数字鸿沟视为数字西藏建设的实践症候来分析，在数字化转型时代西藏面临重点难点问题；最后，从结论出发，试着讨论弥合数字鸿沟的有效路径。

---

① 刘恒、尹君、才让东知：《"数字西藏"建设中的数据共享使用问题研究》，《西藏大学学报（社会科学版）》2021年第146期。

二、文献回顾：何谓数字鸿沟

（一）关于定义

关于“数字鸿沟”（也称信息鸿沟）一词的来源，学术界尚存在争议。数字鸿沟的研究，首先应该从“数字”和“鸿沟”两个维度着手。

“数字”一词是个多维概念，是指广泛的信息通信技术。“鸿沟”一词涉及“不平等”问题，最流行的观点仍然是技术方面的不平等，以是否拥有电脑、网络和其他技术的实物设施以及这些资源是否被充分使用作为研究的关注点，实质是数字时代信息技术衍生出来的非对称和非均衡化现象。

基于不同的学科视角和研究纬度，学界提出了“数字鸿沟、信息富人、信息穷人”[①] 等概念。1984 年，世界电信发展委员会发布的《失去的链路》报告中指出，发展中国家电信基础设施的缺乏将阻碍其经济发展（当时主要关注电话接入问题）。1990 年，著名未来学家托夫勒（A. Toffler）在《权力的转移》一书中，进一步提出了电子鸿沟（electronic gap）的概念，将电子鸿沟描述为“信息和电子技术方面的鸿沟”。1998 年发布的《在网络中落伍：数字鸿沟的新数据》主要从互联网的发展水平关注数字鸿沟现象。劳埃德·莫里塞特（Lloyd Morrisett）认为，数字鸿沟是信息富有和信息贫困之间的差距；[②] 1999 年发布的《在网络中落伍：定义数字鸿沟》中指出，数字鸿沟是以互联网为代表的新兴信息通信技术在普及和应用过程中的不平衡现象；国际电信联盟（ITU）、经合组织（OECD）、英国《时代教育专刊》等机构和不少学者均以数字鸿沟来命名这种由新兴信息技术接入、使用的不均衡所造成的信息资源和知识水平方面的两极分化现象；[③] 祝建华、金兼斌、胡鞍钢、柯惠新

---

① 阿尔文·托夫勒：《权力的转移》，黄锦桂译，中信出版社 2018 年版，第 6 页。

② Compaine，B. M. The Digital Divide：Facing a Crisis or Creating a Myth? Cambridge，Massachusetts：MIT Press，2001：47—98.

③ 李晓静：《数字鸿沟的新变：多元使用、内在动机与数字技能——基于豫沪学龄儿童的田野调查》，《现代传播》2019 年第 8 期。

等学者也分别从社会各阶层在使用互联网上的差别、不同地区信息化发展程度的差距等视角来界定数字鸿沟。

数字鸿沟在传统意义上通常是指，信息技术在使用者和未使用者之间的社会分层，描述了信息通信技术在普及和使用中的不平衡现象，这种不平衡既体现在不同国家之间，也体现在同一个国家内部的不同区域、不同人群中。[①] 随着研究的深入，数字鸿沟的定义逐步趋于完善。

（二） 数字鸿沟的三重维度

从文献分析的结果看，目前学界对“数字鸿沟”的定义，圈定在从最初的研究电脑、互联网等“物”层面的接入来探讨不同地区、不同阶层之间存在的信息化差距，转向研究人们在互联网的使用、技能、兴趣、动机等“人”层面的差距。继接入沟和使用沟之后，开始探讨由新技术接入和使用的差异所带来的知识沟，包括在政治经济、文化教育等层面。

德万·里金斯（Dewan Riggins）等提出了“三级数字鸿沟理论”，分别是数字接入鸿沟（digital access divide）、数字能力鸿沟（digital capability divide）、数字产出鸿沟（digital outcome divide）。按照“三级数字鸿沟理论”，这种“信息富有者”与“信息贫困者”之间的沟壑，呈现在接入沟、使用沟、知识沟三个层面。

第一道数字鸿沟：接入沟，呈现在物的层面。接入沟是因基础设施和服务的差异导致的技术接入差距。具体体现为物质接入层面，因缺少接触机会而导致的数字经验不足的问题，如手机、电脑等设备与互联网接入存在的差距。第一道数字鸿沟主要从技术设备的拥有和网络连接可获得性两个维度来界定。其成因是，区域（城乡）间 ICT 基础设施投入和建设程度等客观因素。

第二道数字鸿沟：使用沟，呈现在人的层面。使用沟是因不同区域

① 胡鞍钢、周绍杰：《新的全球贫富差距：日益扩大的“数字鸿沟”》，《中国社会科学》2002 年第 3 期。

的群体、个体能否有效使用信息技术而导致的社会生活不平等结果。随着通信技术的不断普及，移动客户端等电子设备在欠发达地区的社群中广泛接入了互联网。但由于缺乏对新技术的兴趣和能力，在使用层面又出现了新的差距，能否有效使用数字技术，使用动机是什么，使用技能水平如何等问题，既是测量不同区域间数字鸿沟差距的指标，也是当前数字鸿沟呈现的主要表现。其成因是，区域间群体和个体的兴趣爱好、价值观、受教育水平、使用目的、能力等主观因素。

第三道数字鸿沟：知识沟，呈现在社会层面。继新技术在接入和使用层面的差异后，学界的研究焦点已转向接入和使用差异而导致的社会结果和影响上。由于不同区域的群体、个体在接入和使用信息技术层面存在差距，由此产生信息落差、知识分隔和信息贫富分化等复杂社会现象。其成因，除了第一道、第二道数字鸿沟的客观和主观原因之外，年龄差异也会造成代际间社会参与的不平等。

本文基于“数字鸿沟的三重维度”这一分析框架，认为信息通信技术（ICT）所带来的生产力会形成三个层面的界面类别：一是扩大拥有技术的空间差距，即城乡数字鸿沟；二是具备良好教育水平和信息素养的群体拥有较高的信息技术使用技能，从而获取信息资源，成为“信息富有者”，而处于数字鸿沟彼岸的群体将成为信息社会中的“信息贫穷者”，即阶层数字鸿沟；三是在信息技术的使用中因年龄限制而造成代际间参与差异，即代际数字鸿沟。

三、数字鸿沟：“数字西藏”建设的实践症候

数字鸿沟表面上是数字时代的非对称非均衡化状态，而其实质是“数字西藏”建设中的“网络民生问题”。网络民生的非对称非均衡状态，导致数字经济发展的城乡差异化、数字服务应用的阶层区隔化、数字文化消费的代际落差化等问题。

（一）数字经济发展的城乡差异化

《2022年数字乡村发展工作要点》中指出，乡村数字经济加速发展，

农业生产信息化水平稳步提升。2022年西藏自治区政府工作报告中也提出，加快发展高新数字产业，力争数字经济规模增长10%。

新的产业将会带来新的机遇。在数字时代，由于技术更新迭代和信息交互流通，数字服务应用的变换速率日益加快，数字经济已成为当前西藏区域经济的一大变量，截至2020年，西藏数字经济规模突破330亿元，“十四五”期间，要推动数字经济规模突破600亿元。

但鉴于西藏整体社会空间布局和社会结构的失调，将会产生数字经济时代的新机遇在城乡之间分配不均衡，导致城镇与农牧区在信息服务基础设施的占有、数字产业发展机遇的掌握有所不同，从而在城乡之间产生新的差距。

一方面，囿于地理位置、信息基础设施及交通条件等因素，西藏广大农牧区与城镇相比，面临信息服务体系薄弱、区域差异明显、数字产业化进程较为缓慢等现实难题。乡村信息基础设施状况和农牧民的信息能力决定了乡村数字化的横向扩展与纵向深入，数字经济的城乡差异将加速城乡差距的再扩大，并进一步演变成信息分化，信息分化又加速城乡间的贫富分化和社会分化。

另一方面，因广大农牧区的产业发展成本高、收益低，物流成本高，资源整合力度弱等因素，严重阻碍广大农牧区数字经济产业的效益。与具有先天优势的城镇产业相比，即使走上数字化道路，农牧区产业还会产生额外成本，在市场竞争中未必有价格优势，这将对农牧区数字产业的高质量发展带来诸多不利因素。

不过，随着城乡间ICT基础设施投入和建设扩大，数字产品和服务送进城乡千万户家庭，尤其是对乡村地区的大量倾斜，城乡之间以技术设备的拥有和网络连接可获得性两个维度来界定的第一道数字鸿沟，逐步缩小或弥合。如2021年末移动电话用户333.43万户，移动电话普及率达91.4部/百人；固定互联网宽带接入用户115.31万户，固定互联网宽带家庭普及率达92.35部/百户；农村地区宽带接入用户37.2万户；全区行政村光纤宽带覆盖率达99%。

（二）数字服务应用的阶层区隔化

新旧社会阶层之间的更迭，似乎是伴随人类社会发展的规律和长存的现象。西藏区域社会阶层的变化，既有我国宏观社会转型的背景，也有西藏社会转型的区域性特点。自西藏和平解放以来，尤其是1959年的民主改革，使西藏的社会发生了质的变化，其阶级划分可以说是对旧西藏遗留的社会结构的总结，也是之后社会结构变迁的起点。[①] 此后，召开的中央历次西藏工作座谈会，开启了西藏发展的历史性转折，也加快了西藏区域社会的转型。随着西藏长治久安和高质量发展各项工作的推进，区域内部社会阶层间的公共服务和收入差距不断缩小，一系列的政策和改革措施对西藏社会的转型和阶层变化起着助推作用。

伴随西藏经济社会全方位发展，城镇化加速推进，其社会结构虽已不是单一的传统农牧业结构。但就目前的现状而言，西藏“十三五”初期，西藏城镇化率仅27%，到2020年已提高至32%，全区城镇人口已超107万人。西藏“十四五”规划的城镇化率将突破40%。从2021年5月公布的《西藏自治区第七次全国人口普查主要数据公报》来看，全区常住人口为3648100人，其中，居住在城镇的人口为1303443人，占35.73%；居住在乡村的人口为2344657人，占64.27%。

根据目前城镇化率和城乡人口占比来分析，西藏60%的群众还是生活在农牧区，从社会空间布局和社会结构而言，农牧区仍然是当前西藏社会最重要的社会场域。

在同一个区域空间内，由于社会结构和阶层的不同。如教育程度差异、收入差异、职业差异等原因，社会底层群体将会成为数字时代的缺席者。[②] 这使得农牧民在共享数字化红利时，因受信息的获取能力和需求层次所限，对新技术的使用技能层面出现差距的第二道数字鸿沟，在短时间内不但不会弥合，而且差距有进一步拉大的可能。因为，数字服

① 方晓玲、仓木拉：《西藏社会分层研究》，《西藏研究》2009年第5期。

② 才让东知：《数字政府：基于数据的治理与对数据治理的视角》，《西藏发展论坛》2020年第5期。

务应用不只是技术层面的操作问题，还是服务应用对生产生活的改善，以及参与数字社会、提升自身数字素养能力等诸多深层问题，其适应和自我调整过程是缓慢且长期的。

（三） 数字文化消费的代际落差化

网络社会与代际伦理的关系问题，是将随着信息技术和网络技术的发展，社会的代际关系随之所发生的变化以及代际关系的变化对代际伦理的影响等作为探讨对象的。[①] 在传统社会里，父辈一代与年轻一代的关系可以概括为权威与服从型关系，代际间的伦理关系和道德教育的话语权都集中于父辈一代。

《西藏自治区第七次全国人口普查主要数据公报》显示，在全区常住人口中，0～14 岁人口为 894865 人，占比为 23%；15～59 岁人口为 2442251 人，占比为 63%；60 岁及以上人口为 310984 人，占比为 8%；65 岁及以上人口为 206963 人，占比为 6%。

与 2010 年第六次全国人口普查相比，0～14 岁人口的比重上升 0.16 个百分点，60 岁及以上人口的比重上升 0.85 个百分点，65 岁及以上人口的比重上升 0.58 个百分点。

但在数字经济时代，年轻一代已成为网民主体，无论是网络语言的创制、使用和传播，还是知识的获取，特别是网络文化消费领域，相对于父辈一代，年轻一代在某种程度上拥有了一定的社会角色优势和话语主动权，也逐渐成为网络文化消费的主体。

根据阿里巴巴公布的近三年天猫“双 11”的成交额及消费者年龄结构的大数据分析，西藏消费者年龄构成中，90 后、80 后、70 后是主要消费主体，而 60 后、50 后的占比相对较低，00 后的占比速度上升较快。总体上，00 后、90 后的占比稳步增长，80 后的后劲不足，而 70 后、60 后、50 后占比增长缓慢且有下降趋势（见表 1）。

---

① 廖小平：《论网络社会的代际数字鸿沟及其伦理表现》，《湖湘论坛》2004 年第 2 期。

表 1　2018—2020 年天猫“双 11”期间西藏消费者年龄段及占比　单位:%

年份	00 后	90 后	80 后	70 后	60 后	50 后
2018	0.82	48.73	36.78	11.16	2.24	0.16
2019	3.60	50.80	30.70	11.70	2.70	0.50
2020	6.50	52.70	28.10	10.10	2.30	0.50

2018 年，“双 11”全天交易额达到 1.96 亿元。从消费者年龄构成来看，90 后占 48.73%，80 后占 36.78%，70 后占 11.16%，60 后占 2.24%，00 后占 0.82%，50 后占 0.16%。2019 年，“双 11”全天交易额达到 2.33 亿元。其中，拉萨市全天交易额达到 1.30 亿元，位居全区第一位。其消费者年龄分布中，90 后占 50.80%，80 后占 30.70%，而 50 后、60 后、70 后、00 后的消费能力，分别为 0.50%、2.70%、11.70%、3.60%。2020 年，“双 11”全天成交额为 4.12 亿元，在全国各省份排名中居第 31 位。从消费者年龄构成来看，90 后消费者占 52.50%、80 后消费者占 28.10%、70 后消费者占 10.10%、00 后消费者占 6.50%、60 后消费者占 2.30%、50 后消费者占 0.50%。

通过数据分析可以获悉，在天猫“双 11”网络文化消费主体比例中，各个年龄段的占比差异较大，其导致原因可能有很多种，但从侧面折射出了在数字经济时代，代际间的网络文化消费的境况，是数字时代代际落差化的缩影，尤其在网络文化消费领域，代际的落差化更加突出。

社会分层因素的影响在不同世代中发生转移、呈现异质性特征，[①] 体现为“文化反哺”或“反向社会化”现象。在传统社会中父辈一代对年轻一代进行经验知识和道德教育的哺育，而在数字社会时代，年轻一代开始向父辈一代进行新知识和技术、信息等的反哺。这种“文化反哺”“反向社会化”现象背后折射出了在新的时代条件下，代际之间在掌握信息资源的不均等问题。此外，信息鸿沟的深化与推移使得年轻人

---

① 周琭璐：《休闲区隔：中国居民休闲参与的社会分层机制及其代际差异研究》，《四川轻化工大学学报》（社会科学版）2020 年第 6 期。

与老年人日常交流受阻，代际矛盾与冲突愈演愈烈，代际隔阂问题在信息鸿沟的语境下得以强化与凸显。[①]

因此，继第一道、第二道数字鸿沟的客观和主观原因之外，受年龄差异而造成的代际间社会参与不平等的第三道数字鸿沟，其根源就是区域"网络社会"与"现实社会"发展不同步而导致的新问题。

四、讨论：数字西藏建设中弥合数字鸿沟的路径探讨

西藏民主改革以来的60多年里，西藏经历了巨大的经济发展与社会变革。景天魁提出"时空社会学"概念以凝练社会大转型、大变革被压缩在一个较短时期内所导致的社会风险与挑战，[②] 西藏数字化转型也呈现出这种时空巨变的特点。

西藏数字化转型，面临社会大环境的考验。由于信息技术资源（基础设施、人才队伍等）在空间（不同区域）和社会群体（社会阶层）间的分配不均等，导致出现不同区域和社群、个体获取信息的步调不一致的数字鸿沟现象。数字化转型，数字鸿沟是首要直面的难题，数字鸿沟的差距直接影响数字西藏建设的进程。

（一）弥合城乡间数字鸿沟，要推进数字乡村建设，缩小互联网接入差距

数字乡村建设是立足我国新时代农业农村发展现状而作出的重要战略部署，不仅是乡村振兴的战略方向，也是建设数字西藏的重要内容。

首先，缩小弥合城乡数字鸿沟，首要任务是扩大新型基础设施覆盖面，在完善乡村数字化基础设施、探索乡村数字经济新业态、完善"三农"信息服务体系、完善设施资源整合共享机制，完善物流、金融等信息化支撑体系等方面不断发力，让广大农牧区与城市的联通无限接近。建设新型硬件基础设施应该积极引导高新技术企业的参与，充分利用民间商业资本，形成多元化的融资体系，减轻地方政府财政压力。对缺乏

① 陈潭、王鹏：《信息鸿沟与数字乡村建设的实践症候》，《电子政务》2020年第12期。

② 景天魁：《时空社会学研究（专题讨论）》，《人文杂志》2013年第7期。

网络接入的偏远地区，应注重接入的成本收益分析，维持新型基础设施的成本也不容忽视，需考虑当地政府的承受能力，设计科学、合理的运营策略与机制。

其次，缩小城乡互联网接入差距消弭数字鸿沟的核心是打破数据壁垒、统一数据口径，消除社会组织中的信息不对称问题，要建立全域覆盖、普惠共享、城乡一体的基础设施服务网络，加快乡村宽带通信网、移动互联网、数字电视网等基础网络建设，推动乡村信息服务供给和基础设施数字化转型。

最后，要加快农业农村信息化发展，进一步发掘信息化在乡村振兴中的巨大潜力，因地制宜支持大数据、云计算、物联网、人工智能等技术的推广应用，推动互联网与西藏特色产业深度融合，促进“藏字号”产业链条的纵横延伸，积极推广电商经营、直播带货等新业态，让数字经济成为农牧区发展的亮丽底色。

（二）弥合阶层间数字鸿沟，教育公平化，促使人力资本公平发展

《2020中国政府数字治理指数报告》中指出，应弥合数字鸿沟，营造数字友好型智慧社会。要关注不同阶层的人群的需求，警惕“信息主义”带来的社会排斥。

正如森（sen，1999）的观点，收入低下只是贫困问题的表面现象，贫困的深层原因是人发展能力的缺乏，应用到数字鸿沟问题上，通信基础设施落后只是造成数字鸿沟的原因之一，深层次原因是信息通信工具使用者能力上的差距。

因此，弥合数字鸿沟的挑战在于缓和使用沟与知识沟，二者与人的能力是分不开的。而教育可以提升人的智力与意志，可促进人的发展。从长远来看，政府需要提高农牧区教育支出，普及农牧区教育，缩小城乡间和阶层之间的教育差距。降低城乡人力资本差距。短期看，全面加强对进城农牧民职业教育培训，提升其技术更新换代冲击下的职业选择能力。增加中等收入群体来源。应进一步加大广大农牧区和低收入人群的教育政策倾斜力度，加强公共服务以提升农牧民的信息资本与社会资

本，营造人力资本公平发展的社会环境。

此外，持续开展农牧民手机应用技能培训，组织开展网络安全教育培训，提升农村人口的数字素养与个人信息保护意识。加强对基层干部、驻村第一书记和工作队、农村党员干部、新型农业经营主体以及广大农牧民的数字化技能和知识培训，切实提高广大干部、群众的数字化水平和能力，更好地助力数字乡村建设。

（三）弥合代际间数字鸿沟，要开展技能培训与辅导，增强弱势群体获取信息和处理信息的能力

老年人群体在信息获取与处理、使用技能等方面远不及年轻一代。因此，鼓励家庭和社会、市场、政府共同发力，通过各方的优势和资源，可着重对老年人群体进行信息技术的专项辅导。

家庭和社会方面，家庭成员（尤其是年轻一代）可对长辈进行手把手的数字技术使用方面的指导。社会层面，在城市社区，鼓励社会组织面向老年人群体开展公益性的数字技术的辅导活动；在农牧区，基层政府和干部、驻村干部、乡村振兴专干等可组织科技服务相关活动，针对农村老年人群体进行基础性的培训。

市场层面，鼓励主流电商平台或媒体用通俗易懂的方式传授居民信息技术的相关知识，发布一些关于接入互联网操作、上网购物扫描付款等生活相关的视频教程。银行和科技企业可以开发简单版的 App，以便知识水平和理解能力有限的弱势群体便捷使用，促使其较好地融入数字化社会。

政府方面，增加针对老年人弱势群体的公共支出，帮助老年人群体进入信息化社会，要注意针对老年人的网络诈骗。此外，政府应进一步出台和细化有关缩小数字鸿沟、实现信息普惠的政策。

五、结语

数字中国的语境推动了数字西藏的进一步发展，城乡信息鸿沟、阶层信息鸿沟、代际信息鸿沟等界面类别，表面上是信息化、网络化、数

字化建设滞后，但其实质是经济社会发展不平衡不充分，社会转型缓慢的缩影。

随着 ICT 基础设施的投入和建设，尤其是向西藏农牧区的大量倾斜，城乡之间因接入沟而导致的第一道数字鸿沟正在逐步缩小或将会弥合。但因受信息的获取能力和需求层次所限，对新技术的使用技能层面出现差距的第二道数字鸿沟，在短期内不但不会弥合，还会出现新的差距。除了第一道、第二道数字鸿沟的客观和主观原因之外，受年龄差异而造成的代际间社会参与不平等的第三道数字鸿沟，究其根源，是区域“网络社会”与“现实社会”发展不同步而导致的新问题。

因此，在顶层设计时，要从政府投资、社会环境、技术环境三个层面来考量，只有政府、社会、市场等层面协同配合，共同推进，才能缩小或弥合数字鸿沟，推动“数字西藏”建设向更深层次发展，实现共同富裕。

数字文明时代的政府治理创新*

许正中** 姚怡帆***

【摘要】数字技术引领了社会的巨大变革，拓展了人类生产生活的空间，也加速了政府治理创新的进程，人类来到了智能化、数字化、网络化的数字文明时代。在此过程中，一方面城市大脑以城市治理中所产生的海量数据资源为基础实现公共资源的有效配置，为政府治理的迭代进化和创新转型奠定了基础。另一方面，政府治理创新正在兼顾政府自身数字化转型与全面引领、做大做强做优数字经济两个方面的重要任务。数字文明时代的政府治理创新应以理为本，凝聚价值共识，转变技术性思维、培养技术风险观；应以行为道，立足行动，变倒逼为主动，打造跨界、协同、共建的政府治理格局，深度审视战略规划和具体部署；应以境增效，营造开放、开源、对等、合作、竞争、全球运作的数字化平台生态圈。

【关键词】政府治理创新；数字文明时代；数字技术；城市大脑；数字经济

继农业文明和工业文明后，人类正在全面进入数字文明时代。数字文明时代的到来正在催生多重历史拐点，锻造着升维竞争的新赛道。世界百年未有之大变局加速演进，经济转型、疫情冲击、科技革命的多重

---

* 基金项目：工业和信息化部电子科技委 2022 年重大咨询课题“数字海洋新基建战略工程需求研究”，陕西师范大学 2022 年度国家安全专项研究项目“总体国家安全观下数字政府建设的安全治理体系研究”（22PY17）的阶段性成果。

** 许正中，中央党校（国家行政学院）经济学部副主任、教授，博士生导师。

*** 姚怡帆，陕西师范大学国家安全学院（政法与公共管理学院）讲师。

叠加效应为政府治理提出新的要求，呼唤政府数字化能够快速研判、动态感知、协同指挥、精准决策。政府治理水平和治理效能成为国家竞争力和创造力的关键。数字文明时代为各国政府治理创新提供了广阔的空间，如果能够寻找突破，乘胜追击，将为中国再次引领世界发展提供难得的机遇。如果能够下定决心深化政府数字化转型并与各个领域同频共振，将破解政府治理创新的梗阻和桎梏，切实增进人类福祉。为了开创共享未来，推动全球数字治理革命，最大限度释放政府治理效能，引领全球新一轮发展繁荣，迫切需要重新审视数字文明时代的政府治理创新，在此基础上擘画政府治理创新的改革图景。

一、数字技术丰富了政府治理创新的工具箱

马克思认为，“现代自然科学和现代工业一起对整个自然界进行了革命改造，结束了人们对自然界的幼稚态度以及其他幼稚行为”。① 从这个意义上来看，技术是人的灵魂和身体得到延伸的方式，是人实现自由解放的途径。反过来，人的自由解放赋予了人有更多的时间和空间来进行物质生产和精神创造，促使科学技术的更新迭代和迅猛发展。同时，马克思强调，“随时随地都要以当时的历史条件为转移”，② “一切社会变迁和政治变革的终极原因，不应当到人们的头脑中、到人们对永恒的真理和正义的日益增进的认识中去寻找，而应当到生产方式和交换方式的变革中去寻找”。③ “人是有缺陷的生灵，为了幸存下来，而又能够保持人的特点，人不可避免地需要雅典娜的科学和赫斯托斯的技术，把使用工具、制造工具和使用火看成是向有理性的人发展的决定性的步骤，这不是偶然的，技术从一开始绝对就是人类生存的基本条件。”④ 可见，技术是与社会历史发展相伴而生的产物，是人类基于特定历史条件而创造的生存工具和手段。数字技术正在以新理念、新业态、新模式全面融入

---

① 《马克思恩格斯全集》（第 10 卷），人民出版社 1998 年版，第 254 页。

② 《马克思恩格斯全集》（第 28 卷），人民出版社 2018 年版，第 531 页。

③ 《马克思恩格斯选集》（第 3 卷），人民出版社 2012 年版，第 654—655 页。

④ H. 波塞、邓安庆：《技术及其社会责任问题》，《世界哲学》2003 年第 6 期。

人类经济、政治、文化、社会、生态文明建设各领域和全过程，给人类生产生活带来了广泛而深刻的影响。数字文明时代发展起来的数字技术不是某个单一和特定的技术，而是由大数据、物联网、云计算、人工智能、区块链组成的技术束和技术集群，对政府治理的技术架构、业务流程、运行模式进行了数字化的改造。数字文明时代的政府治理创新是数字技术驱动下理论范式和实践模式的重大转变。

在数字技术的驱动下，逐渐衍生出一种新的政府治理形态，即平台型政府。2009 年，时任 O'Reilly Media 的创始人兼 CEO 的蒂姆·奥莱利（Tim O' Reilly）最早提出了"政府即平台"（government as a platform）的概念，[①] 他敏锐地认识到了那些由公民生产并代表公民生产的信息是经济和国家的命脉，政府应当将这些信息视为国家资产，平台型政府则是大数据时代下政府运用数字技术对组织运行理念、运行架构和运行策略所作出的重塑和再造。平台型政府是指政府通过提供数据共享和开放的基础平台，供其他部门或第三方在此平台上开发应用和附加价值，最终形成一个以平台为基础的政府数字化治理模式。平台型政府主要具有三个基本特征：一是组织结构扁平。平台型政府摒弃了复杂、冗余和厚重的金字塔式组织结构，将原有组织形式压缩成扁平状，减少了不必要的管理层级，从原先以控制为导向的纵向管理转向以协商为主要方式的横向治理，这能够有效应对科层制组织"条块分割、融条于快"的结构弊端。二是数据流动平坦。平台型政府通过汇聚、分解、整合海量的数据资源，使得数据能够顺畅流动和开放共享，有效解决了由于原先科层制组织效率低下、职能分裂、治理延误和负外部性问题。三是主体身份平等。平台型政府将自身定位为平台建构者或平台架构师，确保多元主体的充分参与和机会均等，各个参与者均可以在平台上附加应用，实现了公共产品的共同生产。这在很大程度上打破了科层制组织主客二分的刚性分割式局面，使得个体能够在平台上协同治理、共享成

① O'Reilly T. Government as a Platform. Innovations：Technology，Governance，Globalization，2011，6（1）.

果，充分体现了以人民为中心的治理理念，有利于提高公民的参与感、满足感和获得感。

从实践来看，各个国家把建设平台型数字政府作为政府运行模式创新的关键举措。2012 年，美国正式发布《数字政府：构建更好服务美国人民的 21 世纪平台》（*Digital Government：Building a 21st Century Platform To Better Serve The American People*），强调了通过采用大数据、区块链、云计算等数字技术建设以平台为基础的数字政府的重要性。英国在 2015 年启动“数字政府即平台”计划，并于 2017 年出台了《政府转型战略（2017—2020）》，该战略进一步明确了通过平台型政府建设来改善政社关系、加强政民互动协作的目标，彰显了以用户为中心的价值理念。2021 年 5 月，英国发布了《政府数字服务战略（2021—2024）》，明确了英国政府数字服务局在政务服务、数字产品、平台建设等方面的职能和目标，推动了英国平台型政府朝着高效、便捷、协同、互动发展的进程。英国政府充分认识到整体化、无界化、扁平化的平台型政府是数字化时代政府组织变革的必然趋势，因而着力推动各个行政部门跨层级、跨业务、跨区域的通力合作，使政府可以对未来的数字化转型和战略决策作出更加知情的选择。特别是在新冠疫情期间，英国的平台型政府在充分保证公共服务的效率、质量和速度的同时，尽可能地减少与用户接触的概率和距离，为公民提供了一个更加安全的服务环境。2016 年 4 月，习近平总书记在网络安全和信息化工作座谈会上针对信息化发展作出了重要指示，指出信息化对于国家治理现代化的时代意义，要统筹发展电子政务，构建一体化在线服务平台。一方面，中国已经形成了以省级区划为基本单位的数字政府建设格局，各省充分贯彻国家部署要求，落实“全国一盘棋”的总体布局，打造全省一体化的政务服务平台，并积极与国家层面的平台、系统对接，融入全国一体化政务服务平台，实现了省级层面与国家层面的上下联动和业务协同。另一方面，中国政府重视建立健全监督流程、监督对象、监督行为的数据库，加强跨地域、跨层级、跨组织的综合监督系统建设，着力打造安全保障、流程优化、动态高效的一体化在线监督平台。依托大数据的技术优势，制定了统一的数据标准，对权力的行使和执行进行了全过程的跟踪、记录和分析，一旦发现违法乱纪的行为便会严厉查处，不仅有利于让权力在阳光下运行，还能够最大限度地保证让权力在阳光下被监督和被规范，最终形成了“人在做，数据在看”的新型权力监督模式。

二、城市大脑成为政府治理创新的着力点

随着个体意识的觉醒，现代民众的诉求日益增长，对改善公共服务质量的期望逐渐凸显，追求精准化、个性化和定制化的政务服务已经成为公民的普遍共识。数字文明时代的政府治理强调双向互动的过程，不仅仅是单向地输出信息、提供服务，更多的则是以用户需求为基础，释放数据活力和数据价值，通过双向互动实现信息、服务、业务的再设计，让公众能够随时随地获取、分享、创造信息和服务。伴随着大数据、云计算、物联网、人工智能、区块链、数字孪生等技术的日新月异，智慧城市的建设纵深推进，逐渐呈现出越来越多类脑的特征。城市大脑是互联网大脑架构在城市现代化治理中的应用尝试，已经成为提升城市治理水平和治理体系现代化的重要支撑，是推进政府治理智慧化、敏捷化、智能化的重要手段。

作为一种能够快速感知、精准研判、智能决策、高效执行的新型数字化基础设施，城市大脑所具备的多种核心能力能够为政府治理创新提供支撑，主要包括以下几种：一是数据要素支撑能力。数据是数字文明时代的重要资源，数据要素贯穿政府治理创新的全生命周期。传统电子政务阶段各个部门和组织之间的信息数据自成体系，不仅硬件设备和软件系统有所差异，各个部门的数据标准也不一致。久而久之，数据鸿沟、数据烟囱现象成为阻碍政务服务质量和效率提升的症结所在。城市大脑通过汇聚、融合、加工、分析、共享和开放城市政务服务数据，为政府治理创新提供了数据原材料，有效化解了数据碎片化、数据不统一、数据不完整等困境，助力数字文明时代政府真正做到用数据创新、用数据决策、用数据治理、用数据服务、用数据履职的能力。二是安全保障支撑能力。近年来，由于信息技术的广泛应用，隐私泄露、网络安

全、数据安全等问题屡见不鲜，迫切需要保障虚拟治理空间的长期、持续、健康的发展。城市大脑注重建设、运营、服务过程中个人信息和隐私的保护，通过强化关键信息和政务服务基础设施的安全保障，确保数字技术和数据资源的自主、安全和可控。三是便民服务支撑能力。政务服务设计的起点是公民需求，终点是满足公民对高附加值公共服务交付期望的回应。政府治理创新强调双向互动的过程，不仅仅是单向地输出信息、提供服务，更多的则是以用户需求为基础，释放数据活力和数据价值，通过双向互动实现信息、服务、业务的再设计，让公众能够随时随地获取、分享、创造信息和服务。城市大脑利用数据打通技术壁垒，对公民各种日常留痕数据进行汇总、测量、分析，对收集来的综合有效需求进行优先级排序，精准识别出公民的实际需要，进一步提高了政务服务与公民需求的契合性和精准性，提高了政务服务的质量和效率，满足了公民对定制化、个性化政务服务的获得感和满足感。

从实践来看，2020 年 10 月 14 日，新华社“新华视点”微博发表了习近平总书记关于“创新思路推动城市治理体系和治理能力现代化”的论述，指出要注重在科学化、精细化、智能化上下功夫，推动城市管理手段、管理模式、管理理念创新，让城市运转更聪明、更智慧。城市大脑是赋能政府治理创新和打造多元治理主体共建共治共享治理格局的基础，是数字政府建设的一个重点任务。近年来，中央高度重视城市治理建设的顶层设计，并致力于建立健全城市大脑建设的地区互鉴机制，以城市治理过程中的难点、痛点为问题导向，立足于地区资源禀赋和治理需求，探索差异化的城市大脑建设模式，加快提高城市治理体系和治理能力现代化，赋能政府治理创新效能的提高。2017 年以来，依托新兴信息技术和海量数据，各地逐渐开展了城市大脑建设的实践，中国城市治理进入了智能化的全面提升阶段。目前，以杭州市为典型代表的城市大脑建设实践正逐渐向全国铺开，这是地方政府将数字技术与治理模式相结合的创新之举，能够为其他地区带来可以借鉴的经验和启示。杭州市城市大脑建设起步较早，凭借着优质的互联网和高新技术企业资源，杭州市在数字技术驱动下形成了产业生态式合作的城市治理模式，在阿里云、云栖城市大脑科技有限公司、华通云、云栖工程院等企业和研究机构的技术支持下，杭州市搭建了“531”城市大脑建设架构体系，满足了公民对精准化、定制化、个性化公共服务的需求，提高了政府基于数据的科学决策能力，是城市大脑建设的地方范本。

三、数字政府成为数字经济发展的助推器

2016 年 G20 杭州峰会发布的《二十国集团数字经济发展与合作倡议》对数字经济进行了界定，即数字经济是以使用数字化的知识和信息作为关键生产要素、以现代信息网络为主要载体、以信息通信技术的有效使用作为效率提升和经济结构优化的重要推动力的一系列经济活动。与传统经济相比，数字经济呈现出了新经济规律，产业、技术、数据在循环升级迭代中组成了融合共振的“数字魔方”。2021 年 8 月 23 日，习近平总书记向中国—上海合作组织数字经济产业论坛、2021 年中国国际智能产业博览会致贺信时指出，世界正进入数字经济快速发展的时期，5G、人工智能、智慧城市等新技术、新业态、新平台蓬勃兴起，深刻影响全球科技创新、产业结构调整、经济社会发展。为此，各个国家应充分认识到数字经济已经成为新一轮国际竞争的重点领域。如果说在数字文明时代，变革与发展是主基调，那么政府将始终是这场创新革命的掌舵人。正如政府主导创新的坚定支持者——经济学家玛丽安娜·马祖卡托（Mariana Mazzucato）所言：“政府不仅在决定创新的速度，而且在决定创意的方向上发挥着重要作用。”① 当前，数字政府已经成为发展数字经济的重要抓手、关键支撑与核心引擎，应充分发挥数字政府的牵引作用，以数字政府智能化推动数字经济发展智能化，以数字政府敏捷化推动数字经济敏捷化，通过增强数字政府自身效能来更好地赋能数字经济，为数字经济的高质量发展提供新契机、增添新动能、注入新活力。

数字政府全面引领数字经济的发展主要体现在以下六个方面：一是

① 玛丽安娜·马祖卡托：《创新、政府与耐心资本》，李磊等译，中信出版社 2017 年版，第 136 页。

助推数据要素释放。数字政府通过对数据资源进行广泛的收集，用统一的数据标准对数据进行精细化的识别和处理，最终形成能够为市场主体所使用和共享的数据。数字政府能够引导企业数据要素市场的有序推进，确保企业数据价值的发挥。通过完善数据治理责任机制和业务标准，对企业提供的非公开型企业数据采取保密措施，重点保护涉及著作权、专利权、商业秘密等知识产权的企业数据，避免企业利益受损。二是夯实基础设施建设。数字经济发展门槛高，依靠的是科学、精致的顶层设计，要求具备较好的资金、人员、技术和基础设施条件。数字政府以加快技术基础设施建设和应用作为突破口，以"互联网+政务服务""互联网+监管"等为抓手，加快建设信息基础设施，逐步贯通业务应用系统，为数字经济的发展奠定了坚实的物质基础和技术支持。三是培育市场主体。数字政府能够通过深化简政放权、转变职能、优化服务等方式赋予市场主体新的发展空间。通过激励型政策工具或手段激发企业活力，挖掘企业技术创新的潜能，鼓励企业不断强化技术本领并真正成为数字经济扩展的核心。四是规范市场运营秩序。数字政府能够通过提升自身对数字经济要素市场的监管能力，创新基于新技术手段的监管模式，有效维护公开、公平、稳定和透明的市场秩序。五是推进数字产业发展。数字经济包含数字产业化和产业数字化两个方面。数字政府能够通过发挥产业投资基金引导作用，加大融资担保和风险补偿力度，加快战略核心技术的研发力度，在巩固实体经济根基的同时，提高数字产业基础建设能力和产业链供应链数字化水平，为数字经济产业化发展提质增效。六是完善配套政策体系。数字政府能够通过出台面向数字经济发展的配套法律法规文件，构建起能够与数字经济发展速度和建设水平相匹配的政策体系，确保企业和公民的信息安全，严惩网络犯罪，保障民众的隐私，维护企业的知识产权，营造长期、持续、健康的营商环境。

四、数字文明时代政府治理创新的实践探索

20世纪90年代，美国学者尼古拉斯·尼葛洛庞蒂（Nicholas Negroponte）预言了数字文明时代到来的必然性。如今看来，依托数字技术的日新月异，《数字化生存》中所描绘的信息时代已然变成了现实。政府治理创新的根本动力是政府如何基于数字技术的可用性进行技术创新以应对新的挑战，以及通过持续的技术创新如何演变成一种新的治理范式。现在看来，数字技术以前所未有的伟力形塑着政府的治理理念、存在形态和内外部环境，成为政府治理创新的主要动力，政府治理创新的过程就是技术更新迭代的最好见证。数字文明时代的到来对政府治理创新提出了更高的要求，迫切需要全面的顶层设计、清晰的实施路径和明确的侧重点。总的来说，数字文明时代的政府治理创新至少可以从以下三个方面寻找变革的出路。

（一）理念先行，凝聚共识

2019 年全国两会刚结束不到一周，国家主席习近平便踏上了访问“永恒之城”罗马的出访行程，他在向意大利总理孔特谈起看待发展变化的“中国视角”时指出，我们对时间的理解，是以百年、千年为计。这句话折射出一个民族的胸怀，展现了一个国家的时势观。诚然，从人类文明发展的时间脉络来看，数字政府作为一个新生事物跻身其中，不过，从其影响之速度、深度和广度来看，智能化、平台化、敏捷化的数字政府已经成为理解数字文明时代政府数字化转型不可或缺的关键词，将在很长一段时间成为全球各国政府治理模式转型的主要形态。这意味着不管是条件许可，还是环境所迫，每一个现代国家，尤其是一些传统大国都面临着两种不同的选择：或透视未来、综合研判，抓住重要的机会窗口，自己决定自己的命运；或寄希望于达成往昔进步的老路和古圣先贤的箴言，因循守旧、被命运摆布。面对改弦更张的压力，政府需要具备全球视野，从战略思维出发，凝聚价值共识，转变技术性思维、培养技术风险观。

1. 凝聚价值共识

2015 年，习近平主席在出席博鳌亚洲论坛年会时提出了“推动建设人类命运共同体”的倡议，彰显了中国兼容并包、互利共赢的智慧。随着数字技术的跨境流动和传播，为了营造超越国界限制的全球数字生态，迫切需要构建以人类命运共同体为基础的数字命运共同体。数字文明时代为全球凝聚发展共识，构建人类命运共同体与数字命运共同体创造了契机。数字文明时代，随着数字流动的加强，各国数字化交往实践逐渐深化，这在很大程度上将推动人类数字命运共同体的构建。2015年12月，习近平主席在第二届世界互联网大会开幕式主旨演讲中指出，网络空间是人类共同的活动空间，网络空间前途命运应由世界各国共同掌握，各国应该加强沟通、扩大共识、深化合作，共同构建网络空间命运共同体。这是以习近平同志为核心的党中央立足全球视野，为破解全球发展难题，推动各国数字化合作所提出的中国方案。综上，为了凝聚并生共在、共享合作与繁荣的价值共识，打造数字化、智能化、网络化的数字命运共同体，各国政府应扮演好两个角色。一方面，要成为全球数字化合作的倡导者。加强数字技术研发与数字基础设施建设的合作，为打通本国与全球数据资源开放共享奠定基础。另一方面，要成为共同体凝聚力的维护者。坚决反对数字殖民、数字压迫、数字垄断等霸权主义行为，致力于国际数字治理法律法规体系的构建，凝聚公平、透明、和谐、共生的价值规范。

2. 转变技术性思维，培养技术风险观

政府治理创新的本质是在数字技术的驱动下，发挥数据价值的一种治理变革。传统的电子政务是在硬件服务器、软件和计算机网络等技术的基础上构建的。政府遵循“技术本质观”，重点关注技术非排他性、高效性、开放性的本体特征，把技术看作治理的工具，主要将注意力放在“用技术治理”的层面，希望通过技术的应用来提高公共服务质量、科学决策能力和风险预测能力。与传统技术相比，数字技术具有自发创新扩散能力强、技术迭代频率高、通用目的特征明显、移植成本低、应用个性化等特点，① 强调技术的集群化突破和关键性呈现。依靠大数据、人工智能、云计算、区块链、物联网等数字技术，社会生产力得到了显

① 田秀娟、李睿：《数字技术赋能实体经济转型发展——基于熊彼特内生增长理论的分析框架》，《管理世界》2022年第5期。

著的提升，政府的公共服务质量有了质的飞跃，与此同时，人们也认识到数字技术是生产力中较活跃的因素，当它为人们的生产生活带来便利的同时，也衍生出诸如隐私泄露、算法偏差、数据垄断等问题，需要对数字技术进行规制与监管。为此，应在“技术本质观”的基础上形成“技术风险观”，从“用技术治理”向“对技术治理”的层面扩展，正视技术演进所诱发的治理挑战，并有意识地采取措施进行规制。一方面，应充分肯定数字技术所带来的红利，并尽可能地加大新技术、新产品的创新投入，在保障数据安全、个人隐私的基础上，充分应用现代技术和信息化手段，发挥数字技术驱动治理体系整体性变革的优势；另一方面，不能对其潜藏的风险视而不见，注重“用技术治理”“对技术治理”两个维度的协同推进，通过法律法规、制度保障的方式确保数字技术一直处于可控范围并能够真正助力政府治理效能的提升。

（二）立足行动，变倒逼为主动

20 世纪后半期，以新兴信息技术为主导的第四次工业革命席卷而来，这场全球性技术革命的浪潮折射出政府治理模式变革的重拳指向。如何编织社会经纬，谋求数字化转型是每一个现代国家必须探索的问题。

从全球范围内来看，大多数国家来不及做好充分准备就被拖曳着进入了数字文明时代。一些国家迫于生存压力不得不展开数字化转型，旨在应对内外部环境所带来的不确定性、复杂性和不适感。数字文明时代的到来加速了数字技术更新、应用、传播的速度，加深了信息技术嵌入、融合政府治理的程度，每个国家要有不惮与强者争高下的勇气和迎拒折冲变被动为主动的魄力，不做被动接受全球化数字治理的观望者，而成为数字政府改革建设的行动派。总的来看，治理格局创新与制度保障是政府治理创新的两个关键环节。

1. 打造跨界、协同、共建的政府治理格局

20 世纪 90 年代，西方国家兴起了一场关于追求善治的治理改革。世界银行将善治看作一种有效的决策，是政治工具的一种体现。美国经济学家莱福特维奇（Adrian Leftwich）则从治理理论出发，认为善治隶

属于公共服务的范畴，其本质是一种制度结构。[①] 欧盟从全球视野出发，将善治理解为人与自然、人与社会和谐共处，共谋发展的一种状态。中国学者俞可平将西方善治理论与中国治理情境相结合，将善治理解为政府为了增进社会福祉，与公民合作共治的一种治理模式。从概念出发，虽然理论界和实务界并未形成统一的方案，但我们依旧能从先贤们的思想中剥茧抽丝，发现深埋其中的合作、互动、跨界的治理理念以及对治理主体多元化、治理效力最大化的追求。数字文明时代的政府治理创新就是政府利用大数据、人工智能、云计算、区块链等信息技术，通过与多元治理主体的通力合作，达到协同并进的治理局面的过程。为此，各国政府应始终从“一盘棋”“一体化”的大思路来擘画数字政府建设的蓝图，站在发展全局的高度来推动跨界行动的发展路径，通过政治吸纳方式，将多元治理主体和社会资源整合到数字政府建设的跨界公共事务上，消除跨界障碍，畅通协商渠道，使得各方主体能够明其位、司其职、倾其能，发挥强大的主体优势，形成一个联合行动共同体。

2. 审视制度方略

政府治理创新是一场全方位、系统化的变革，在大数据、人工智能、物联网、云计算等数字技术的驱动下，经济、政治、社会以及文化等诸多领域都面临着转型升级，这不仅涉及人才、基础设施、资金等方面的投入，还涉及市场监管、数据产权、网络安全、隐私保护等方面的规制，需要政府在战略规划、法律法规、制度机制层面的科学引领和精致设计。为此，一方面，应明确政府治理创新的重点任务、发展方向和主要路线，充分发挥政策红利，全面建构逻辑层次清晰的政策体系，为下级政府数字化转型的顺利实施和高效运转提供政策依据。另一方面，应注重加强互联网网络标准体系的顶层设计和统筹协调，完善技术标准，积极构建国际标准、国家标准、行业标准、团体标准和企业标准协同推进机制，使技术能够在可控的范围内，最大限度地增进社会福祉。

---

① Leftwich A. Governance, democracy and development in the Third World. Third World Quarterly, 1993, 14 (3) .

（三）营造开放、开源、对等、合作、竞争、全球运作的平台生态圈

2021年9月26日，国家主席习近平向2021年世界互联网大会乌镇峰会致贺信引起热烈反响，习近平主席强调，中国愿同世界各国一道，共同担起为人类谋进步的历史责任，激发数字经济活力，增强数字政府效能，优化数字社会环境，构建数字合作格局，筑牢数字安全屏障，让数字文明造福各国人民，推动构建人类命运共同体。这封贺信不仅明确了构建数字生态环境是数字文明时代数字技术造福人类的重要保障，与此同时也使得世界各国人民充分感受到中国以天下为己任的超前布局和大国担当。

自T. 莱维于1985年提出“经济全球化”的概念以来，世界各国已经在技术的广泛传播、资本的全球扩展和数据的全球流动中建立了深厚的联系，形成了分工合作、良性竞争、共同进步的世界格局。马克思指出，“随着美洲和通往东印度的航线的发现，交往扩大了，工场手工业和整个生产运动有了巨大的发展。从那里输入的新产品，特别是进入流通的大量金银完全改变了阶级之间的相互关系，并且沉重地打击了封建土地所有制和劳动者；冒险者的远征，殖民地的开拓，首先是当时市场已经可能扩大为而且日益扩大为世界市场”。[①] 马克思曾多次使用“世界历史”的概念，因为在他所处的时代，人类历史已经呈现出开放和合作的趋势。马克思和恩格斯认为：“各个相互影响的活动范围在这个发展进程中越是扩大，各民族的原始封闭状态由于日益完善的生产方式、交往以及因交往而自然形成的不同民族之间的分工消灭得越是彻底，历史也就越是成为世界历史。”[②] 随着世界市场的全球性开辟和扩张，“那些一向或多或少和历史发展不相称、工业尚停留在手工工场阶段的半野蛮国家，现在已经被迫脱离了它们的闭关自守状态”。[③] 马克思和恩格斯将

---

① 《马克思恩格斯选集》（第1卷），人民出版社2012年版，第190页。

② 《马克思恩格斯选集》（第1卷），人民出版社2012年版，第168页。

③ 《马克思恩格斯选集》（第1卷），人民出版社1972年版，第214页。

世界历史和人类交往方式的变化归因于生产力发展结果，“只有随着生产力的这种普遍发展，人们的普遍交往才能建立起来，……最后，地域性的个人为世界历史性、经验上普遍的个人所代替”。[①]“历史不外是各个世代的依次交替。……各个相互影响的活动范围在这个发展进程中越是扩大，各民族的原始封闭状态由于日益完善的生产方式、交往以及因交往而自然形成的不同民族之间的分工消灭得越是彻底，历史也就越是成为世界历史。”[②] 可见，马克思虽然未直接使用“经济全球化”的话术，但仍然能从其哲学观、唯物史观和世界历史观中找到全球化的雏形。从某种程度上可以说经济全球化受到了马克思主义的间接影响。英国学者鲍曼（Zygmunt Bauman）呼吁，如果全球化是既定事实的话，那么，人们应当用合作来替代任何形式上的暴力和冲突。[③] 换句话说，数字文明时代造就了共生共存的世界，我们没有权力选择是否共生，依赖于我们选择的是要么集体行动，要么在利益争夺的冲突中共同走向毁灭。

全球化、无界化的数字生态不仅会拉近各国之间的距离，从组织自我强化的进化论视角，还会加速国家与国家之间的动态竞争。1973 年，美国芝加哥大学进化生物学家范瓦伦（Van Valen）提出了红皇后假说，即一个生物被迫进化的主要原因是它的竞争对手进化了。[④] 1996 年，美国斯坦福大学战略学教授威廉·巴内特（William P. Barnett）则将红皇后假说引入组织生态学的分析中，研究组织在竞争与合作并存的环境中的生存策略。[⑤] 在今天来看，这不免有些“逆水行舟，不进则退”的意思在里面。按照红皇后假说，智能时代的全球性数字化竞争已经呼之欲出、在所难免，每个国家都需要在动态竞争中克服路径依赖和惯性力量，学习新的知识和本领，增强自身对环境的适应能力。为此，一方

① 《马克思恩格斯选集》（第 1 卷），人民出版社 2012 年版，第 166 页。

② 《马克思恩格斯选集》（第 1 卷），人民出版社 2012 年版，第 168 页。

③ 齐格蒙特·鲍曼：《被围困的社会》，江苏人民出版社 2006 年版，第 57 页。

④ Van Valen L. A New Evolutionary Law. Evolutionary Theory，1973（1）.

⑤ Barnett W P，Hansen M T. The Red Queen in Organizational Evolution. Strategic Management Journal，1996，17（S1）.

面，各个国家应充分认识营造良好数字生态环境的重要意义和深远影响，重视内外联动的平台生态圈的超前布局，打造对等、开放、开源、合作、共享、全球运作的数字化平台生态圈。坚持统筹国内数字生态和全球数字生态建设两手抓、两手都要硬的思路，与世界各国共同构建全球数字生态中的利益共同体、责任共同体和命运共同体，积极塑造相互尊重、良性竞争、合作共赢的发展氛围，为本国推进政府数字化转型营造良好的外部环境。另一方面，各国应致力于建设成为全球引领性数字强国，分享本国数字政府改革建设的成功经验，提供全球性的数字化公共服务和公共产品，打造普遍认可和接受的全球数字化标准，以己之力助力全球化数字治理，为世界各国网络化、数字化、智能化的可持续发展提供参考方案。

五、结语

立足本土，党的十八大以来，习近平总书记以马克思主义政治家、思想家、战略家的洞察力和创造力，围绕数字政府提出了一系列具有前瞻性、战略性和创造性的重要论述，深刻揭示了技术驱动政府治理创新的规律与趋势，为推进政府治理创新提供了根本遵循。2016 年 7 月，中共中央办公厅、国务院办公厅印发的《国家信息化发展战略纲要》中提出的当前人类社会正在经历信息革命，没有信息化就没有现代化，要以信息化驱动现代化等论述，深刻揭示了信息化、数字化变革已经是大势所趋。2022 年 6 月 23 日，国务院正式印发了《关于加强数字政府建设的指导意见》，就主动顺应经济社会数字化转型趋势，充分释放数字化发展红利，全面开创数字政府建设新局面作出部署，指出要构建数字化、智能化的政府运行新形态，充分发挥数字政府建设对数字经济、数字社会、数字生态的引领作用，促进经济社会高质量发展，不断增强人民群众获得感、幸福感、安全感，为推进国家治理体系和治理能力现代化提供有力支撑。这在很大程度上为新时代政府治理创新的方向、目标和实践要求提供了根本遵循。

目前，中国已成长为世界第二大经济体，有巨大的潜力为世界经济的繁荣发展作出贡献。同理，政府治理创新不能仅仅满足于自身发展，不断提升国家治理体系和治理能力现代化，还应充分发挥政府治理效能对数字经济、数字生态和数字社会的赋能作用。另外，中国政府还要深刻把握政府组织变革的新趋向，为引领全球联动、全球响应、全球共享合作与繁荣的数字生态建设和数字政府间协同运作贡献中国方案，争取成为全球范围内数字政府改革建设的样板区和标杆区、政府治理模式创新的交流平台、人类命运共同体建设的促进中心。

数字时代文化产业治理的特点、困境与适应性策略

祁述裕* 闫 烁**

【摘要】数字时代我国文化产业治理环境日趋繁复，呈现出治理对象模糊、治理过程动态性和治理内容嵌合性等新特点。传统文化产业管理在理念、机制和方式上的不适应问题愈加凸显。推动数字时代文化产业高质量发展，迫切需要采取适应性治理策略：在治理原则上，应遵循敏捷包容的原则；在治理主体上，应推动多元主体协同治理；在治理手段上，应采取刚柔并济的方式；在治理流程上，应从前置审批走向事中事后治理；在治理体制上，应由分业管理转向综合治理。

【关键词】数字时代；文化产业治理；适应性策略

党的二十大报告中明确提出，到2035年“基本实现国家治理体系和治理能力现代化”的总体目标。作为战略性新兴产业的文化产业，如何适应数字时代的要求实现治理现代化，是一个迫切需要研究的重大问题。近年来，以大数据、区块链、人工智能等为代表的前沿数字技术引发文化产业领域的深刻变革，新业态不断涌现，极大地提升了文化生产力、创造力和传播力。近些年，我国数字文化经济快速发展，元宇宙、数字人、NFT数字藏品、生成式AI等新的应用场景层出不穷。在此背景下，文化产业管理的不确定性和复杂性因素增多，文化产业管理与数

* 祁述裕，中央党校（国家行政学院）教授、中国行政体制改革研究会行政文化委员会主任。

** 闫烁，中央党校（国家行政学院）研究生院博士生。

字时代不适应性问题凸显。因此，厘清数字时代文化产业治理理念、机制和手段，对于激发文化创新创造活力、促进文化产业高质量发展等具有积极意义。

面对数字技术进步带来的机遇和挑战，欧盟率先作出制度安排，先后颁布了《数字服务法案》(2020)、《数字市场法案》(2022)、《数据法案》(2022) 等一系列创新性政策，基于欧盟规则和价值观构建数据、技术的使用标准，对全球数字经济与数字治理具有重要影响，甚至产生了布鲁塞尔效应。[①] 我国迫切需要创新文化产业管理理念，探索符合数字时代要求的文化产业管理机制，参与文化科技、文化产品及服务的国际规则和标准制定，努力把握国际文化产业治理体系建构话语权。

一、数字时代文化产业发展及其治理特点

（一） 数字时代文化产业发展的主要特点

当前，数字技术已成为推动文化产业高质量发展的主要动力。数字技术从过去的单点突破转向多技术集成创新的阶段，带来了文化创作、生产、消费、传播等全链条变革。总的来看，数字时代文化产业发展具有以下五个突出特点。

第一，业态融合成为文化领域的发展趋势。创意要素、技术要素和数据要素等文化生产要素经由重新组合和优化配置，渗透到相关产业的生产过程中，使得产业联动的边际成本持续降低，文化产业内部的细分行业融合以及文化产业与其他产业的融合不断加深，有声出版、创意农业等新兴业态相继出现。第二，文化产品和服务呈现快速迭代特征。工信部电信研究院发布的《移动互联网白皮书（2013)》指出，移动互联网发展迭代周期已经从 18 个月缩减到 6 个月，并且还将以这个速度发

① 布鲁塞尔效应是指欧盟凭借市场力量推行制度规则，并以此单方面监管全球市场的能力。例如，Google、Facebook 等国际互联网企业为了欧盟地区的业务不得不遵循《欧盟通用数据保护条例》(GDPR)。同时，这些公司也将基于欧洲语境的政策推广到全球各地。其他国家也将参考欧盟所制定的治理范式，如 2019 年泰国颁布的《个人数据保护法》(PDPA)，其内容大多借鉴《欧盟通用数据保护条例》(GDPR)。

展 3～5 年。与此相适应，我国发明专利审查周期也不断压减，将从 2019 年的 22.7 个月压减至 2022 年的 16.5 个月（见图 1）。第三，生产者与消费者的界限被打破，“产消合一”成为文化产业的新模式。比如，哔哩哔哩平台的 UP 主，既是平台的消费者，同时也是平台内容提供方。第四，数字平台成为全新的文化生产组织形态。基于数据、算法和平台的运营模式成为文化企业重要的盈利模式，许多不同类型的市场主体共同构成了平台生态。第五，区块链、大数据、人工智能等技术，使得文化供给主体更加多元化、复杂化，即主体的边界逐渐消失。同时，数字文化产品及服务具有可复制、易篡改、非独占等特点，加剧了盗版侵权等行为的风险。

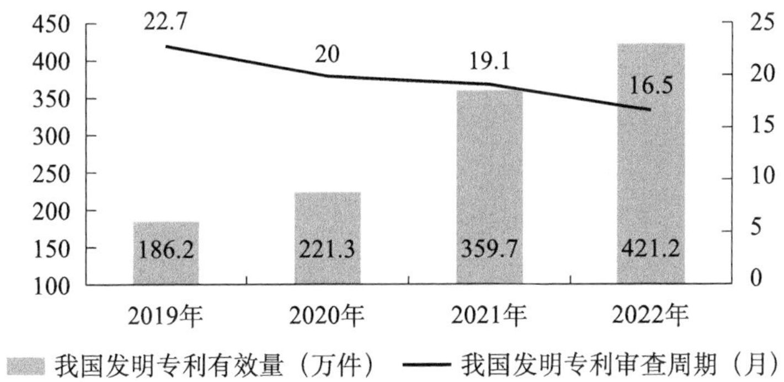

图 1　我国发明专利有效量与发明专利审查周期变化趋势

资料来源：国家知识产权局信息发布。

（二）数字时代文化产业治理的差异化特征

数字时代文化产业管理环境日趋复杂，治理目标、治理对象、治理流程等发生深刻变化。具体而言，数字时代文化产业治理的特征可以概括为治理对象的模糊性、治理过程的动态性和治理内容的嵌合性。

首先，治理对象呈现模糊性特征。这种模糊性是由文化业态的快速更迭和技术的迅速变化所引发的信息不足等原因造成的，主要表现为公共管理部门难以明确界定应该治理哪些文化产业行为主体或产消链条。以往文化产业管理对象有着清晰的边界和范畴，比如某一文化行业的产品质量、内容安全等。数字时代文化产业发展出现明显的路径跃迁，使得政府在选择治理策略的过程中缺乏参照物，短期内仅能形成较为模糊性的对象认知。特别是前沿技术的使用，进一步凸显出文化产业治理对象的模糊性。究竟是技术引发的治理风险，还是经营主体的主观过失，变得难以界定，对文化产业治理的问责机制提出挑战。比如，短视频平台采用算法自动化决策将侵权视频向其他用户进行推送的事件中，其责任主体是用户、内容服务提供者还是平台运营者，存在广泛争议。

其次，治理过程呈现动态性特征。数字时代文化产业治理的动态性特征体现在其通过密切关注外部环境变化，不断更新机制和方法，以适应新技术、新场景、新需求的变化。技术参与是数字时代文化产业治理的突出特点。数字技术参与到文化产业治理过程中，可以快速地响应和适应不断变化的环境和需求。比如，上海市文化和旅游局设立数字文旅中心，通过搭建“一网通办”“一网统管”的网络平台，以文旅大数据为技术支撑，实现全域感知、全数汇融、全程协同、全景赋能，满足文旅企业和市民游客的相关需求。此外，文化产业治理活动需要密切关注产业发展动态，研判其中可能存在的风险。因为各类文化新模式、新业态处于快速迭代过程中，其自身特点及风险因素也随之变化。比如，在网络视听平台结合用户行为大数据，不断调整其付费模式，从会员付费衍生出订阅打赏、超前点映等。因此，在网络视听产业的治理过程中，政府的治理行为也要随之进行动态更新和调整。

最后，治理内容呈现嵌合性特征。数字时代的文化产业治理面临着多重市场失灵、多重系统失灵和多重政策目标，不同治理问题之间相互交叉和嵌套。这种嵌合性使得解决一个问题往往需要考虑其他问题的影响和关联，而这些问题之间的相互作用可能是复杂的、不可预测的。这种情况过去也存在，比如 17 世纪发生在荷兰的炒卖郁金香事件。但随着业态融合的加速推进，嵌合性正在成为文化产业治理内容的普遍特征。典型的例子就是关于 NFT 数字藏品的治理。作为一种非同质化货币，数字藏品既具有文化消费属性，又包含金融、交易等属性。因此，治理过程中不仅要考虑到文化消费权益保护、知识产权保护、文化内容合规等问题，同时还要注意金融风险防范。2022 年 4 月，中国互联网金融协会、中国银行业协会、中国证券业协会发布的《关于防范 NFT 相关金融风险的倡议》中明确指出，既要发挥 NFT 在推动产业数字化、数字产业化方面的正面作用，同时还要坚守行为底线，防范金融风险。再如，围绕电竞酒店的治理同样具有嵌合性特点。这种商业模式既具有网吧的性质，又有传统住宿业的特点。但由于缺乏行业属性的清晰界定，主要按酒店行业管理。治理内容的单一化滋生出未成年人游戏沉迷等问题，引发广泛争议。

二、数字时代我国文化产业治理的困境与调适

（一）数字时代我国文化产业治理面临的多重困境

由于无法适应数字时代快速变化的治理环境，我国传统文化产业管理还存在着管理效率低下、管理成本高企、管理质量不佳等问题。具体而言，传统文化产业管理面临的困境可以归纳为以下四点。

第一，“竖井式”文化产业管理体制权责不清。我国传统的文化管理模式是依据文化传播载体确立的分业管理模式。如报纸和杂志属于国家新闻出版署管理，电视台、有线网属于广电总局管理，通信网和互联网属于国家网信办管理。由于早期信息流通速率不高，文化内容或服务供给较为单一，所以通常以此来实现对基于不同传播平台内容业务的管理，并形成典型的“竖井式”管理体制。这种分业管理模式面对不断融合、层出不穷的新兴文化业态，存在权责不清、职能交叉、成本过高等问题。

第二，“事无巨细”的文化产业管理模式效率低下。我国文化内容管理具有无所不包、无所不管等特点。面对信息大爆炸的数字时代，这种模式效率低下、成本高企的问题日益凸显。以弹幕治理为例，作为虚拟文化世界中一种很重要的文化信息，其关乎网络世界的舆论导向和价值取向，受到政府管理部门的高度重视。哔哩哔哩是国内弹幕文化大本营，其年度弹幕数量从 2010 年的 1000 万条增加至 2021 年的 100 亿条，成为一种广泛参与的大众文化。但是无论是广电总局还是各省局，文化

管理人员数量十分有限。在此背景下，文化管理部门开始要求平台方进行自我审查，比如，中国网络视听节目服务协会发布的《网络短视频平台管理规范》《网络短视频内容审核标准细则》提出，平台上播出的所有短视频均应经内容审核后方可播出，包括节目的标题、简介、弹幕、评论等内容。平台须维持的内容审核员人数原则上应当在该平台每天新增播出短视频条数的千分之一以上。这意味着，随着互联网内容井喷式发展，审核员的数量只会有增无减，无形中增加了企业的成本负担。据统计，截至2020年底，哔哩哔哩有2413名员工属于内容审核岗，抖音集团内容审核员超2万人，以这两家为例，审核员人数超过总人数的20%。与此同时，由于技术很难保证审核的准确性，为了杜绝审核漏洞，文化企业仍然坚持人工审核的方式。但是，人工审核大多需要依靠个人的主观判断，这就取决于审核员的认知水平和趣味喜好，造成内容管理质量的参差不齐。

第三，文化产业政策的滞后和缺失产生“监管真空”。管理主体尚未触及的文化领域，存在着“监管真空”，导致各类乱象频现。首先，较长时间以来，由于数字藏品缺乏规范的合法授权流程，造成版权纠纷或用户财产损失。我国文化管理体制沿袭自计划经济时代的官僚科层制度，管理层级烦琐，决策流程较为缓慢。其次，由于各类文化行业协会的自主性和独立性缺失。面对线下日益复杂多变的数字文化形态和前沿应用场景时，这种管理体制便会表现出响应时间过长、治理效率低下等问题。最后，由于官僚机构更注重规避风险和责任，而不是积极地推进政策的制定和实施，进而导致如重视程序而忽略实际效果、责任推诿等问题，这也可能影响相关政策出台的速度。此外，我国传统文化管理建立在压力-反应机制上，公共部门缺乏针对特定情境的应急管理预案，故无法及时应对新兴文化业态和模式带来的风险因素。

第四，单一文化产业治理目标损害多方主体利益。文化生产往往涉及多种利益相关主体，这就导致针对特定主体设计的治理手段或措施容易损害其他利益相关方的利益。比如，在网络社交媒体发达的今天，明星艺人的违法失德行为容易引发年轻群体的效仿，进而产生负外部性。

抵制违法失德艺人的做法，在国内外皆是如此。比如在欧美发达国家，往往会对涉及种族歧视、性别歧视等问题的文艺工作者采取行业抵制，禁止其参与到文化产品生产过程中。不同的是，国内的监管更为集中，力度更大。往往对违法失德艺人的作品采取“下架”和“封杀”的策略，甚至出现“一刀切”和“层层加码”。而对于文化产品而言，其生产制作往往涉及多方利益主体，内容“下架”必定会使投资主体及商务合作机构产生经济损失。此外，对市场生产端的干预，还会传导至需求方，导致公众的文化需求难以得到满足。

（二）数字时代我国文化产业的治理调适及其不足

面对数字时代文化产业出现的新现象和新问题，传统文化治理理念的不协调、不适应问题越发凸显。为了达到既定目标，文化管理部门采取更具变通性的“一刀切”、运动式治理等手段，以此适应不断变换的外部环境。从风险防范的角度来看，这种重视结果而忽视规则和过程的策略取得了一定的治理效果，但却造成“一放就乱、一管就死”的局面，阻碍了文化产业高质量发展。

首先，“一刀切”管理阻滞文化产业创新。在公共政策的研究中，“一刀切”是管理主体缺乏差异化情境的考量，在对待复杂的治理事务时，采取过于简单化和机械化的处理方式而造成的。当前，“一刀切”问题在文化产业领域时有发生。比如，网络内容审核中针对网络关键词的屏蔽、对游戏版号数量的限制以及对线上线下网络视听节目采用统一管理标准等。这种治理策略主要是由计划经济文化管理体制产生的路径依赖所造成的。相比之下，西方发达国家更多采取分类管理模式。比如，英国通信管理局将电视台划分为公共电视（public service broadcasting）、商业电视（commercial broadcasting）等，并对其进行分类管理。“一刀切”的文化管理模式虽然能够很大程度上避免产业问题的发生，但是会遏制文化产业创新，与文化产业高质量发展的目标相违背。以网络游戏出版审批为例，根据原国家新闻出版广电总局发布的《关于移动游戏出版服务管理的通知》，移动游戏属于电子出版物，沿用图书出版物的管理方式，实施版号管理制度。同时，对于游戏版号数量也有明确限制，甚至在 2021 年 8 月到 2022 年 3 月，国内游戏业经历了持续 8 个月的版号暂停发放，迫使大量游戏企业被迫转向海外市场。在文化领域，政府对市场配置机制的干预还可能会改变文化产品和服务的生产、消费和分配行为。比如，由于“一刀切”式的内容审查制度，趋利避害的资本便全部涌向低风险的主旋律市场。这时，如果文化市场上存在着同质化、单一化的文化产品，就会导致消费者的“用脚投票”。据猫眼电影网的实时数据统计，2022 年国庆档与上一年同期票房相比减少了 29 亿元，7 天假期总观影人次也比上一年同期缩水 61.5%，创下 2014 年以来的同档期最差表现。固然有疫情带来的影响，但根本问题在于影院中缺少人民群众喜闻乐见的文艺作品。

其次，运动式治理难以形成对文化产业的持续治理。“运动式治理”是指暂时打断、叫停官僚体制中各就其位、按部就班的常规运作过程，以自上而下、政治动员的方式来调动资源、集中各方力量和注意力来完成某一特定任务。[①] 面对文化产业治理过程中的突发性事件以及层出不穷的文化新业态新模式，运动式治理具有一定的制度合理性。近年来，密室逃脱、剧本杀等娱乐休闲方式得到消费者青睐。面对这一文化新业态，自 2022 年下半年开始，安徽、宁夏、内蒙古、山东、重庆、黑龙江、吉林、辽宁等多地“扫黄打非”部门，对辖区“剧本杀”等娱乐经营场所开展专项检查。尽管运动式治理的做法见效快，但存在被动型、临时性和事后性的问题，过高的动员成本也使其注定无法常态化，很难达成对新兴文化业态持续有效的治理效果，进而陷入“内卷化”的困境。[②] 比如，尽管国家网信办、全国“扫黄打非”办会同最高人民法院等 8 部门进行多次网络直播行业专项整治行动，但每次专项整治过后网络低俗内容又都会死灰复燃。

“一刀切”与运动式治理共同指向了同一个问题，即传统文化管

---

① 周雪光：《运动型治理机制：中国国家治理的制度逻辑再思考》，《开放时代》2012 年第 9 期。

② 潘泽泉、任杰：《从运动式治理到常态治理：基层社会治理转型的中国实践》，《湖南大学学报》（社会科学版）2020 年第 3 期。

理手段和方式已无法适应文化新业态的快速更迭。因此，如何调整策略，平衡好新兴业态健康发展和维护市场正常经营秩序便显得尤为重要。

三、数字时代我国文化产业治理的适应性策略

治理是各种公共的或私人的个人和机构管理其共同事务的诸多方式的总和。它是使相互冲突或不同的利益得以调和并且采取联合行动的持续的过程。也就是说，其实质上是在多种目标的博弈过程中寻求一种平衡。对于文化产业治理而言，其治理目标在于激发文化创新创造活力、满足文化消费需求和助力精神文明建设。其中，只有在激发文化创新创造活力的前提下，才能满足文化消费需求、助力精神文明建设。随着数字时代文化业态的加速更迭，治理过程中的不确定性因素日益增多，急需转变文化产业治理理念，推动适应性策略在文化产业治理领域的运用。

"适应性"是一个生态学术语，主要指生物体通过自我调节来与环境相适应的现象。随着现代社会快速发展，公共事务变得越发高度复杂和不确定，学者们将适应性治理理论应用到公共事务治理的研究中。奥斯特洛姆［Ostrom（2000）］观察到公共事务的治理环境日趋复杂和多变，提出针对复杂系统中公共事物的适应性治理（adaptive govemance）理论。迪茨［Dietz（2003）］等总结了适应性治理需要满足的5个要求，包括提供信息（providing information）、处理冲突（dealing with conflict）、诱导遵从规则（inducing rule compliance）、提供基础设施（providing infrastructure）、为变化做好准备（be prepared for change）。[①] 文化产业适应性治理是指为适应复杂不确定性的治理情境，行政管理部门通过对文化产业治理事务进行快速识别响应、内置规则调适、精准情境匹配，最终选择合适的方案来采取适应性行动。文化产业适应性治理的主要优势表现为治理行为的灵活性、治理方法的匹配性、治理流程的协

---

① Thomas Dietz，Elinor Ostrom，Paul C. Stern，The Struggle to Govern the Commons，Science，p. 1907—1912，2003.

作性、治理机制的敏捷性和治理目标的持续性，更加符合数字时代的文化产业治理情境。结合适应性治理理论，本文提出以下几点数字时代文化产业适应性治理的思路。

（一）治理原则：数字时代文化产业治理应遵循敏捷包容的原则

数字时代的文化治理，摆在第一位的就是激发文化创新创造活力，这就需要治理主体平衡好监管、创新与产业发展之间的关系。敏捷包容的文化产业治理原则对于促进文化产业高质量发展，同时预防产业发展过程中可能出现的各类风险挑战至关重要。

首先，文化产业治理应秉持敏捷治理原则。世界经济论坛于 2018 年提出“敏捷治理”的理念。这一理念不仅意味着治理响应速度的增加，而且需要重新思考和设计更具灵活性和适应性的政策框架。同时，敏捷治理将促进社会福利和价值定位为优先事项，以指导新兴技术开发和利用。[①] 敏捷治理原则体现在文化产业领域，主要是通过多元目标平衡、多元主体协作、多元工具组合提高政策灵敏度，以此应对瞬息万变的文化产业治理事务。

其次，文化产业治理应坚持包容治理原则。2019 年，联合国发布《数字相互依存的时代——联合国数字合作高级别小组报告》，被视为引领全球数字经济未来发展的纲领性报告。报告提出了一个重要倡议——全球应为数字经济提供包容性成长的政策环境。包容不是纵容。如果管理部门对新问题置之不理，新生事物在野蛮生长的道路上难免引发混乱。因此，要秉持“在发展中逐步规范，在规范中不断发展”的态度，采取包容审慎的治理原则，避免一刀切、运动式的治理。比如，文化和旅游部等五部门出台的《关于加强剧本娱乐经营场所管理的通知》，通过设置政策过渡期，为企业规范经营留足时间。引导企业利用一年过渡期，开展自查自纠，实现合规化经营等。

---

① 薛澜、赵静：《走向敏捷治理：新兴产业发展与监管模式探究》，《中国行政管理》2019 年第 8 期。

（二）治理主体：数字时代文化产业治理应加强多元主体协作

坚持法治、自治与共治相结合是文化产业治理应对数字时代不确定性因素的重要方式。由于数字时代文化生产、消费和流通中产生了庞大的数据，政府难以将之全部纳入治理范围，需要政府法治、企业自治和多主体共治相互配合。当前，赋予文化企业高度自主权和灵活性的自我治理方式仍然在大多数国家级法规中有所体现。例如，美国《通信规范法》（Communication Decency Act）无条件地为平台方提供第三方内容豁免权；欧洲电子商务指令提供有条件的免责条款。根据这些方法，公司自愿承诺对内容进行监控和自我执行审核，并阻止、过滤和删除不恰当的内容。共同监管则是建立包含多利益相关者的制度，包括行业、广告商和消费者组织或其他公共利益团体。例如目前在欧盟内部规划的数字服务协调员。这种监管形式的优势包括将标准制定和监督的成本转移给行业，同时也激励行业有意识地遵守公共利益，因为国家施加了更强的问责制和合规机制。合规治理是立法监管、自我监管和共同监管的集中体现。为了鼓励企业合规经营，除了告诫公司保持良好的合规经营行为，还需要创造条件确保合规经营能够与盈利目标保持基本一致。政府一方面可以制定和实施严格的法律，另一方面也可以发布和推荐自愿性的行为准则，以此鼓励合规。比如，上海市政府出台的《上海市网络交易平台网络营销活动算法应用指引》《上海市盲盒经营活动合规指引》等一系列指导性规则，及时为新业态、新模式提供运行规范，以跨前服务强化预防式监管。

（三）治理手段：数字时代文化产业治理应采取刚柔并济的方式

第一，由命令-强制型监管转向命令与激励并重。激励型治理是指行政主体使用经济诱因方式和手段间接引导市场主体行为，以实现其既定的政策目标的治理方式。例如，日本为了促进中小企业的技术进步，制定的与技术进步有关的法律就有《中小企业振兴资金助成法》《中小企业基本法》《中小企业现代化促进法》《中小企业高度化资金贷款特别会计法》《中小企业指导法》《中小承包企业振兴法》等。在文化领域，通过财政支持、税收优惠、金融扶持、政府采购、转移支付、市场优先准入、提供经营便利等方式，调节各类文化主体的行为，有助于激发目标群体的积极性，从而推动治理目标的实现。

第二，采取分级分类的治理方式，避免“一刀切”。不同的新兴文化业态特点各异，管理部门要明确不同文化业态、不同企业类型的风险特征和风险程度，分别确定监管内容、方式和频次，制定合理的治理手段。比如欧盟发布的《数字服务法案》采取“不对称措施”，即与较小的竞争对手相比，大型高科技公司受到的审查和处罚更多。充分体现出区别对待、分类施策的监管导向，较好实现了市场效果和社会效果的有机统一。

第三，探索以监管沙盒等为代表的试验型文化治理方式。监管沙盒是英国金融监管局于 2015 年率先提出的创新监管理念，其借鉴沙盒运行原理，具体指规制部门划定范围允许一部分高科技、互联网领域新企业在真实的市场环境中，以真实的个人用户与企业用户为对象测试创新产品、服务和商业模式，有助于减少创新理念进入市场的时间与潜在成本，并降低监管的不确定性，以实现风险控制和创新的双赢。这种治理模式类似于我国改革开放试点中的“先行先试”“试错容错”的做法，既可避免监管对创新的桎梏，又有助于减少创新风险，非常适合数字时代文化新业态快速更迭的特点。

（四）治理流程：数字时代文化产业治理应从前置审批走向事中事后治理

传统文化管理模式强调事前审批，通过设置准入标准来规范文化领域的主体行为。考虑到数字时代文化产品和模式的快速迭代，这种治理流程反而阻碍了文化创新发展。因此需要优化治理流程，转向事中事后治理。首先，以信用评级优化事前监管路径。在深化“放管服”改革的背景下，信用监管逐步取代重点监管成为文化市场监管的主要方式。而依托于不同的文化企业信用等级，对信用等级好的企业放松监管，延长审查周期；对信用等级差的企业加大检查力度和检查频率。这种做法有利于优化监管程序，聚焦主要问题，提高监管效率。其次，要把更多行政资源从事前审批转到加强事中事后治理上来。比如，文化和旅游部等五部门出台《关于加强剧本娱乐经营场所管理的通知》，以告知性备案方式将场所以及场所使用的剧本脚本清单纳入政府部门监管视野，监管重点从传统的事前审批转向事中事后监管。除了准入后监管之外，还要实施准入前负面清单管理。通过建立“非禁即入”的制度安排，将监管关口后移，以便集中行政资源投入事中事后监管，同时提高文化治理的透明度，激发文化市场主体活力。比如，成都市文广旅局等部门联合制定《成都市促进剧本娱乐行业健康有序发展的办法（试行）》，提出建立剧本“红黑榜”发布机制，其实质就是清单式管理。

（五）治理体制：数字时代文化产业治理亟须由分业管理转向综合治理

面对业态融合所带来的权责不清等问题，文化治理体制的建构基础应从分业管理转向综合治理。第一，建立健全文化治理的内部协调机制。打破文化体制上的条块分割，打通准入、生产、流通、消费等治理环节，充分发挥联席会议制度、工作小组等协同治理机制，统筹多部门的治理目标，实现治理标准互通、处理结果互认，形成治理合力。第二，建立面向如文化大数据等特定领域的专门化管理机构。比如，欧盟设置了统一的数据监督机构——欧洲数据保护委员会，其成员国也各自设立数据管理机构，如英国设置信息专员办公室，荷兰、西班牙均设立数据保护局，对数据处理行为进行监督。

此外，在治理方法上，数字时代的文化治理应保持以人为本的治理温度，避免泛道德化倾向。比如，区别作为职业的演员和作为道德的人，尊重个人的知识产权成果。在监管对象、下架范围、惩戒时长等方面形成明晰的机制和规则。比如，若问题艺人在文化产品中出现的频次不高、内容敏感性不强，可以考虑保留，维持作品的完整性；再如，在社会舆论白热化的阶段，对作品适时采取下架措施，表明管理方的价值立场。当相关涉事主体已经承担责任和付出代价后，可以考虑重新上线产品。通过保持监管弹性，以此避免过度监管阻滞资本在文化领域的有序流动，破坏文化创作活力。同时，在治理过程中，还要关注弱势群体，保护未成年人的合法权益。

数字治理视阈下社区韧性建设的“三角形”模型*

张　勤**　宋青励***

【摘要】面对灾害风险频发、社会脆弱性凸显、恢复力不足、安全诉求持续释放的风险社会生态，韧性建设为解决社会稳定发展与内外部干扰不可预测性之间的多重矛盾提供了新思路。社区作为人民生活和发展的重要载体，是人与地相互作用的基础阵地，也是韧性建设的基础单元。大数据、人工智能、物联网、区块链等数字治理模式的融合发展，为社区韧性建设提供了重大契机与技术支撑。基于数字治理视角的社区韧性建设的理论与关系认知，拓展公共安全体系的“三角形”模型，提出打造既具有整体化、精准化、网络化等外部特征，又具有循序递进的内在系统演进，更具备法治化保障的社区韧性建设的数治体系。

【关键词】数字治理；社区；韧性建设；“三角形”模型

现阶段，社会已进入风险性社会，人们面临复合性风险。威胁层出不穷，风险性不断增长，应对难度较大，局势不容乐观。这也是社会-生态系统不断变动的主要源头。社区作为城市的基础单元，其韧性建设必然“抛弃”对系统平衡状态的追求，关注非平衡状态的发展，即所要

---

* 基金项目：国家哲学社会科学重点项目“重大公共危机下社区复合体韧性建设研究”，江苏高校哲学社会科学研究重大项目“共建共治视阈下江苏社会矛盾风险防范化解研究”（2020SJZDA071），江苏省社会科学基金重点项目“重大突发事件下江苏城市治理风险防控研究”阶段性成果。

** 张勤，南京航空航天大学人文与社会科学学院教授、博士生导师，南京行为科学学会会长。

*** 宋青励，南京航空航天大学马克思主义学院博士研究生，公共安全与社会治理研究中心研究人员。

求的韧性是应对的外部扰动要素明确且可预测，使系统具备抵御力、稳定性和恢复力。然而，从本质上把握系统平衡的动态性与多样性，仅仅依靠单一领域的韧性建设和传统技术手段已经难以实现，亟须探寻社区韧性建设的数字化治理新道路。“十四五”时期，我国将进入以数字化转型整体驱动治理方式变革的新发展阶段，也对提升社区韧性建设提出了更高的要求。

然而，我国社区韧性建设领域尚存在一系列亟待破解的重大管理瓶颈与难题：一是社区中一个繁杂、系统、风险很大的问题，通常需要单位间、上下级间的合作与沟通，却又遭受权利、权益、义务等多种因素的影响，出现“力不从心”或“有心无力”，导致功能的碎片化，其功能的“链接”离不开数字化的支撑；二是突发风险的预测预警亟待新兴技术支撑，传统的管理手段已经难以有效应对复杂的韧性建设，无法满足韧性建设决策的要求；三是社区居民的异质性和高流动性导致社区信任、社区认同、社区记忆缺乏，不利于培育社区社会资本，甚至遭遇社区集体行动的困境，亟须搭建沟通“网络桥梁”；四是社区居民参与的积极性受个人素养、职业、社区文化等多方面影响，亟须采用新技术、新手段、新模式来提高社区韧性。五是社区政府部门、社区居委会、住户合作关系的制度成本和社会成本上升，社区公共性不足，亟待建立数字化公开、透明的合作、监督、互通平台。六是智慧建设与社区韧性建设不同类型的总体目标，建设内容不一样，整体规划和标准规范不一样，两者严重脱节，难以寻求实现动态治理的最佳途径。

要统筹解决好韧性目标与政府权力、资源配置、主体活力之间的矛盾，数字治理的支撑相当重要。要打造大数据技术、人工智能技术、物联网技术、区块链技术等。信息技术成为国家治理体系与治理能力现代化的重要抓手，使其在推动社区韧性建设整体化、网络化、精准化过程中发挥重要的作用。本文阐述数字治理下社区韧性建设的理论逻辑、关系逻辑、现实逻辑，探索数字治理视阈下社区韧性建设的实现路径，以期为系统、全面地促进社区韧性建设提供借鉴。

一、理论逻辑：数字治理与社区韧性建设存在契合性

一个城市的韧性与其延续性、适应性、转型呈正相关，与外部的扰动因素、脆性因素呈负相关。城市韧性分为过程韧性、结构韧性、系统韧性三个层面。韧性城市是“解决不确定性的专用工具”。其中，过程韧性就是指城市在面对很多突发灾难时，在保护、修复、更新改造环节日常维护和恢复的能力。结构韧性指设备应对灾难风险的能力、产业结构抵挡经济巨变的能力、社会人员解决大事件的能力、政府机构长期保持运作、稳定人心的能力。系统韧性是城市作为不断运作的活有机体所具有的韧性。

数字治理理论的理论取向主要有三方面。第一，在治理过程上，治理理论有鲜明的“去行政化”与“自由主义”取向，关注民主绩效和民主质量，表现出对政府的排斥，欢迎多元化、多中心，富有后现代的色彩。数字治理存在双重赋权，对公民和社会的赋权，增加了公众和社会参与社区韧性建设的渠道和方式，强化民众运用智能技术“表达诉求”的利益和权益，提升政府治理的回应性和效率性。[①] 第二，在治理主体上，治理理论有强烈的“去中心化”与“多中心主义”取向，主张“社会治理结构的多中心安排”，强调政府向地方分权、向社会分权。数字治理理论可以说是以需求为导向的整合主义，包括两个关键环节，分别是协调与整合。协调是通过多方协商、聚焦目标形成共识的过程；整合是一个通过合作提升效率的过程，指的是参与方通过合力协作高效完成目标，既包括层级整合，又包括业务流程参与方的多方面合作整合。需要指出的是，整体性治理理论与数字治理存在天然纽带。整体性治理理论的背景是数字时代来临，其主要通过信息技术手段整合资源，提高治理效能。第三，在治理工具上，治理理论有明显的“去消极化”与“参与主义”取向，数字治理的依托载体是大数据、物联网技术、人工智能技术、云计算技术、区块链技术等新信息科技。数据治理的根据是运用这些技术所产生的各种数据、图表和信息等，经过代码、算法、模拟等

① 张成岗：《新技术演进中的多重逻辑悖逆》，《探索与争鸣》2018 年第 5 期。

智能化处理形成解决社区问题的方案和路径，提出社会公众在公共事务管理上不应只是被动的消费者，而应该是积极的决策参与者、重要的管理者，甚至是社会政策的执行者。

社区的规模性、风险的不确定性与人民对美好生活的价值追求之间存在内在张力，源于数字的社区韧性建设是顺应信息技术发展的治理创新。① 数字作为融进社区韧性建设的技术性逻辑结构，具备“工具理性”和“价值理性”的多重作用。以人为本、精准施策、改革创新，充分运用多元主体参加、对外开放治理构造、重构治理过程、融合治理网络资源、提升治理体制、自主创新治理体系等数据治理作用逻辑性，推动精细化、专业化、精准性、高效化、智能化系统社区韧性建设。“韧性”表现在五个方面：一是强度，韧性好的社区有充足的硬件软件整体实力抵御灾难性冲击，不容易造成严重毁坏缺失和功能；二是备份，有能力在抵御临时性灾难时开启后备设施，确保城市正常运转；三是多元性和协调能力，如在韧性良好小区的部分电力网受到破坏以后，电力工程能通过别的途径供电；四是反应性，需要自动监控机制和迅速反馈机制，能够确保第一时间明确风险区域范畴，便于及时反应；五是协作性，要求信息公示，各系统和单位共享。防灾减灾整体规划不但应包含设施，而且应包含技术专业团队、社区团队和其他智慧交通机构在内的相关部门参加。

二、关系逻辑：数字治理对社区韧性建设的促进作用

（一）数字技术嵌入有利于提升社区的过程韧性

Chelleri 和 Olazabal 提出了城市韧性的时间轴，韧性的演进经历了风险学习、风险预测、风险吸收（抵抗）、风险恢复，以及风险适应（转换）（见图 1），并强调数字技术能够为应对冲击的反应，应对某些不断增加的压力的计划性、适应性挑战或应对协同冲击的转型系统的决策提供思路。欧盟“Horizon2020 研究和创新计划”资助的 Smart Resili-

① Michelucci F. V De Marco A. Smart Com munities Inside Local Governments：A Pie in the Sky? . International Journal of Public Sec tor Management，2017，30（1）.

ence 项目中所构建的韧性矩阵与韧性曲线对关键基础设施进行评估，并得出结论：数字化技术的嵌入，能够极大地完善社区韧性建设，促进治理能力现代化。

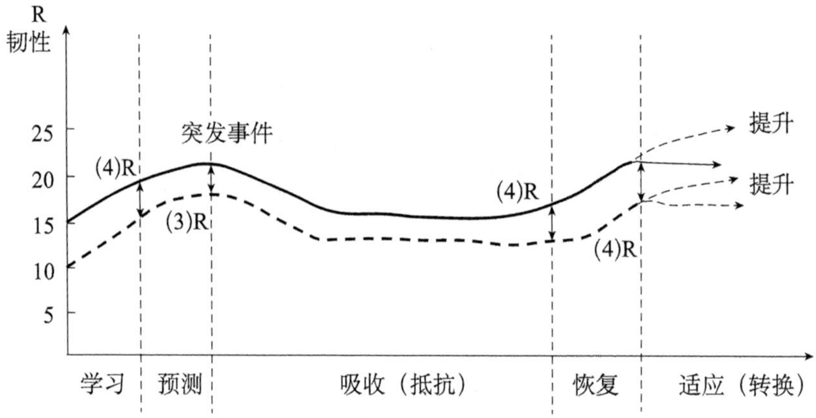

图 1　数字技术对社区韧性建设的影响

如图 1 所示，韧性指数用 R 表示，数字技术所带来的效果是韧性在各个阶段的提升。以新冠疫情防控为例，第一时间把握居民轨迹和交通出行数据是合理预防疫情传播的关键所在。党政部门有很多数据，但是这种结构化、规范化的数据根本无法动态性体现居民的现实状况。互联网技术大数据、云计算、物联网、人工智能等，根据对居民半结构化与非结构化数据的解读、发掘分析判断，精确把握居民动态性信息和社区疫情防控的针对性和有效性。数字技术在计算机设备、互联网技术、政府部门局域网络等行业提供了很多高效率的云计算服务器，作出了精确的数据剖析，为政府部门的管理决策提供了数据和服务支持。

党的十九届六中全会从党的历史经验出发分析指出，作为一个复杂的系统工程，数字化改革必须综合考虑政治和经济、现实和历史等多方面因素。可见，数字技术在风险应对中的应用已不仅仅局限于常态化下静态数据的技术理性和行政、经济发展、社会体系之间的互动，其转型展现了更高的科技含量、更开放式的行政系统与更为多元化、精细化的管理、人性化“平战结合”的社区延展性建设思路中间内在的稳定平衡。置入社区韧性治理的数字技术主要表现为三个转变。一是由单一应急装备研发技术向成套技术设备服务体系变化。二是以注重突发事件应对内部结构数据库系统和信息指挥平台基本建设，较为深层次利用互联网技术、移动互联技术、大数据技术、人工智能和数字技术，促进部门协作，跨地域、跨等级的联防与紧急协作。三是以纯粹关心引进技术、运用和产业化，转为充分考虑关键技术、人才资源、体制机制创新、组织建设、流程优化、法律框架、公共性利益等诸多要素。

（二）网络平台打造有利于强化社区的结构韧性

数字化转型注重运用自动化流程、非中介公司和对外开放管理方法完成公共部门数字化转型。这类新的自动化技术方式最主要的特征是注重零接触科技的应用。其最理想的管理机制是大多数事务均由电子计算机进行，不用人工控制，还可以大大地缓解基层工作的压力。非中介化代表了政府、社区、群众中间沟通的趋势。政府能够借助网络平台，让各界人士直接和政府沟通，而无须像以作“守门人”式沟通。公布管理就是健全公共部门信息公开制度，授予公民大量基层公民的治理空间，根据网络平台完成政府权力下放的流程，搭建共建共享的沟通管理体系。

复旦大学竺乾威教授指出，网络平台的搭建使得政府治理由部分走向整体，从破碎走向整合。[①]要进一步推进数字化发展，提升数字社会、数字政府、公共服务、社会治理的智能化和自动化程度。政府部门要从总体上把握社区韧性建设，根据信息及科技的进步，恰当制定政策，为人民提供较好的公共服务和公共基础设施。在社区治理建设领域引进量化指标，寻找数据可视化的制度安排和政策设计，这就需要注重技术性以解决社会管理困境，在解决策略上侧重于关键技术。事实上，互联网平台的建设也有助于提升社区韧性基本建设体制，主要表现在以下方面：做到成效服务项目流程优化，完成政府部门协同办公系统向网络衔接，使全部阶段在平台上实现透明化，接纳社会公众。因为社区居民价值观念、真实身份阶级、切身利益为多维度，社区组织架构、管理体系不完善，亟须以需求为基础的信息交互，通过网络平台实现政府与民众

---

① 竺乾威：《从新公共管理到整体性治理》，《中国行政管理》2008年第10期。

信息资源的双向流动，将实现适度地权力下放，还权于社会，还权于民。① 这不仅是对权力的重塑，更是对社区韧性结构的强化。

（三） 信息资源整合有利于增强社区的系统韧性

社区的系统韧性关键在于基层党政部门、企业、社会组织、居民等多元主体彼此之间的信息是否开放共享。韧性建设所呈现出的社会环境既包括常态下韧性建设行动的积极性，也涵盖突发事件发生时自救互救行为以及恢复社区秩序的主观意愿。社区所构建的韧性是一种集合的韧性，其结果是为人民群众营造安全、和谐的环境，人民群众不但是社区韧性建设的享受者，更是参与者。社区韧性建设强调社区治理的主体不仅仅是政府及其职能部门，还要充分调动市场、社会组织以及公众的积极性。

数字驱动的核心手段就是信息资源的整合，运用信息技术实现跨部门、跨层级、跨区域的协调、整合和责任，达到无缝衔接。整合不是简单地将分散的公共服务集中整合。在信息资源整合的基础上，社区韧性建设能够促进部门间信息资源共享，摆脱信息沟通的阻碍；推动部门间业务流程再造，增强系统韧性。信息资源的整合不仅有利于强化“工具性”的目标，也会逐渐增加社会的力量，形成一种“数字治理”下的政党、政府、国家、市场、社会之间的互动。以应急科普信息数据平台为例，应急知识信息的发布，能够为常态下的科普宣教与非常态下的应急信息传播提供“知识大脑”，实现平战并举、防治并重。既在平时丰富人民群众的应急知识，又在战时提供应急科学和辅助救援信息，在最大限度上杜绝不良舆情的传播和负面情绪的发酵，平抑社会恐慌心态。既在平时唤醒社会上的非政府组织与个人对韧性的关注，推崇社会整体安全、公信等价值观，又能够促使人民群众自主、积极地应对突发事件，发挥“第一响应人”的应急效能。既有利于打造线上传播与线下服务的同步行动，增强人民群众的认同感与幸福感，又便于战时统一协调和合

① Patrick Dunleavy, Helen Margetts, Simon Bastow, and Jane Tinkler. Digital Era Governance: IT Corporations, the State, and E-Government. Oxford University Press, 2006: 233 - 236.

理调配资源，促使各主体形成应急合力，形成全社会共同参与社区韧性提升的良好局面。

三、现实逻辑：数字治理在社区韧性建设中的现实缺陷

（一）数字化导致社区韧性建设的“制度空转”

社区是城市韧性建设的“最后一公里”，也是党和政府为居民服务的“前沿阵地”，社区韧性建设有较强的政治性、文化性以及社会性功能。数字治理大大提升了社区韧性建设的速度与效率，但数字治理逻辑在持续性的复制与强化中，容易陷入数字治理的圈套，可能会致使贝克担忧的“风险制度化和制度化风险”，最终陷入“诺斯悖论”和“制度内卷化”。①

在中国压力型体制的推动下，上级领导拥有更多的行政资源和审批权，通常采用“风险转移-责任避开”的形式，将社区治理的风险与责任转移和下移到社区居委会，数字治理用程序化、数据化、信息化、流程化的技术稀释了社区的治理权威和治理资源，在重视业绩考核的激发中，大量行政资源浪费在各种填表、录入、数据、信息、台账、检查、回单等文牍之中，这既是社区干部为了完成治理考核指标、避责避险而采取的无奈之举，也导致社区治理的结构性脱嵌，基层政府逐渐丧失对社会矛盾的感知力、反应力、协调力，数字治理在社区沦为以数据和指标为载体的“制度空转”。②

社区韧性建设的具体问题是复杂的、系统的和动态的，单纯的数据、指标无法反映真实的治理情境，数字治理是悬浮于真实治理情况之上的，形成了信息技术的效率悖论。③ 虽然数字治理通过构建垂直化、

---

① 马卫红：《内卷化省思：重解基层治理的“改而不变”现象》，《中国行政管理》2016 年第 5 期。

② J. Horton，J. Reynolds，HBuck，et al.，Solar Geoengineering and Democracy. *Global Environmental Politics*，Vol. 18，No. 3，2018：5 - 24.

③ 付建军：《社区治理中的信息技术效率悖论及其形成逻辑——基于上海市 J 街道的实证分析》，《探索》2019 年第 6 期。

跨层级的信息平台，直接掌握社区问题群体的困难诉求，避免中间环节的信息失真，但容易导致社区治理的“去沟通化”和“去中介化”。上级政府直接面对问题群体，所获得的信息、数据是经过筛选和过滤的，并不能代表社区真实的治理情况，导致社区数字治理的低效和脱域，技术手段推动的行政运行机制仅是在制度化空转，背离了数字治理的效率目标，也影响了党委和政府的公信力与权威性。但是，“数字治理”在社区韧性建设实践中衍生出大量“指尖上的形式主义”并非偶然，而是有着深层的制度性原因。①

（二）数字治理在社区韧性建设中“异化”

虽然数字治理强化技术和专家在公共治理中的作用和功能，力求实现对社区治理复杂信息的“清晰化”。但是在技术的简化作用下，国家与社会、人与人之间的关系被不断“物化”，互动中的“神秘性”逐步丧失，变得可以驾驭和操控。在此，社区场景的复杂性、建构性和公共性被忽视，智能技术简化主义逻辑，可能造成数据分析与研判不足、在线参与功能效果不佳。② 这种“不在场的脱域主义”的治理，将直接导致“只见数据不见人”和“数字悬浮于治理之上”的后果。③

同时，数字治理具有相容性的特征，它不能脱离组织、制度、文化、人员等多重因素而单独发挥作用。特别是技术对组织依赖感，在于组织架构、组织结构、组织过程、组织职责等与治理技术缺乏互嵌同构，那么数字治理可能根本发挥不了预定的效果，甚至南辕北辙，走向“异化”。社区治理将大量的精力和资源注入智能设备采购、技术的引进、智能产品的开发中，忽视数字治理蕴含的“价值理性”目标，缺乏对数字治理与组织、制度、文化、人员等要素的融合。在实践中，数字治理

---

① 赵玉林、任莹、周悦：《指尖上的形式主义：压力型体制下的基层数字治理——基于30个案例的经验分析》，《电子政务》2020年第3期。

② 叶岚：《城市网格化管理的制度化进程及其优化路径》，《上海行政学院学报》2018年第4期。

③ 陈剩勇、卢志朋：《信息技术革命、公共治理转型与治道变革》，《公共管理与政策评论》2019年第1期。

涉及的政府、社区、干部、群众、开发商、运营商等多元主体拥有的不同的技术认知、价值偏好、利益诉求，导致数据链产生过程中存在“数据失真”“数据幻觉”“信息茧房”，数据的真实性和客观性很难得到保证，更不用说据此采取的治理方案的科学性、专业性和高效性，事实上致使社区韧性建设政策脱离了社区韧性建设的实际情景，导致实践的脱域。①

（三）社区韧性建设中的“数字风险”

在我国新兴技术和信息产业迅速发展，但操作系统、硬件配置等智能化技术依然相对性落伍，在软件系统、大数据技术应用研究的技术商品等多个方面依然很落伍。海量数据存储管理与大数据挖掘技术仍与国际水准有显著差别。② 在社区治理的智能化系统、精细化的社区管理层面，数据信息容灾系统欠缺，同城网外地信息备份数据依然不够，信息安全性支撑能力和风险防控能力尚未达到。尤其是技术里的不兼容模式，进一步加重了“信息孤岛”状况的发生。由于数字治理所依赖的数据技术是由不同类型的公司开发设计，根据不同类型的编程语言和数据库系统，以及政府部门内部结构网络、政府部门外界网络、单位专用型网络、互联网技术等不同“管道”，不同源头的系统相融合，将存在诸多阻碍。此外，供给内容碎片化，缺乏信息共享长效机制和专业技术人才也是数字治理融入社区建设中面临的主要难题。③

在网络时代，智能技术也为不法公众的网络暴力、恶意造谣、民粹主义提供了温床和土壤，导致一些不法的网络社会运动出现，甚至危害国家安全、公共安全社会秩序、社会稳定。由于数字治理尚处于探索和完善阶段，很多法律法规和制度规范都不是很完善，技术和制度等方面

① 马卫红、耿旭：《技术治理对现代国家治理基础的解构》，《探索与争鸣》2019 年第 6 期。

② 黎熙元：《社区技术治理的神话：政府项目管理与社工服务的困境》，《兰州大学学报》（社会科学版）2018 年第 1 期。

③ 何继新、何海清：《城市社区公共服务智慧化供给治理：基本特质、标靶方向和推进路径》，《学习与实践》2019 年第 4 期。

存在“漏洞”，一些拥有信息技术的专业人员，运用自己掌握的信息技术从事非法犯罪活动，获得非法利益，给数字治理带来巨大的风险隐患。由于城市人口的规模化、要素的集聚化和利益诉求复杂化，社区风险及隐患也随之加剧，传统的“人防、物防、技防”难以有效回应城市社区风险治理的现实需求。

四、策略选择：构建数字治理下的社区韧性建设“三角形”模型

2009年，以范维澄为代表的专家学者从城市公共安全科技的视角，提出公共安全“三角形”理论框架，也被称为公共安全体系的“三角形”模型或“公共安全三角形”模型。强调突发事件从产生、发展成灾害和应急的过程中，突发事件及应对有三个主体。一是灾害自身，即“突发事件”；二是突发事件的目标，即“承灾载体”；三是防治全过程，即突发事件、承灾载体和应急管理应对组成一个三角闭环控制。本研究将基于此构建数字治理下的社区韧性建设“三角形”模型（见图2）。

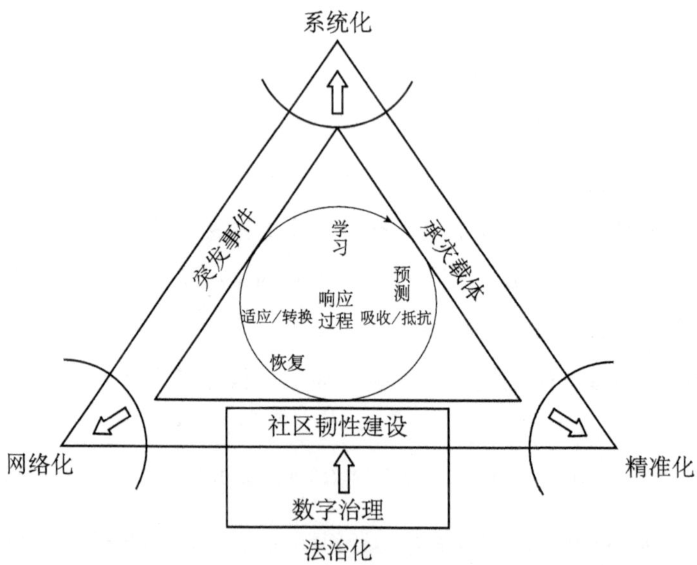

图2　数字治理下的社区韧性建设“三角形”模型

在图 2 中，突发事件是公共安全管理关注的重点之一。突发事件具备突发性、多变性、关联性、耦合性特点，包含自然灾害、安全事故灾害、公共卫生事件等。社区韧性建设是灾害应对系统构成的人为干预，能够减弱突发事件的危害，提升系统韧性，涉及领导协调、资源保障、应急处置等各个方面。应对步骤围绕抗灾的全部建设环节，包含风险学习、风险预测、风险吸收/抵抗、风险恢复、风险适应/转换等，在整个过程中韧性建设的行动使风险降到最低。数字治理视阈下的社区韧性建设关注突发事件与承灾载体、社区韧性建设之间，以及社区韧性建设与承灾载体之间的关系，强调关系之间的互动形成社区风险治理的系统化、网络化、精准化。基于对社区韧性建设模式的理性反思，围绕数字治理的内在机理，注重数字治理在社区韧性建设实践中的法治保障问题，并从多维度重构我国社区韧性建设的数字化模式。

（一） 加强顶层设计，推进突发事件应对的整体化

第一，提升国家级应急管理部门内部结构整合。2018 年 3 月，国家应急管理部创立，但是目前，突发事件应对、职责、机构大多是流于形式整合，应重视智能化，推动应急管理部系统内部结构数据开放、资源共享、流程优化、集成化和体制合作，推动应急管理部转型，完成统一组织、综合协调、迅速响应等功能。

第二，推动应急管理部和社区相关职责部门联动。刚成立的应急管理部担负调节职责，合并了 11 个部门的 13 个职责。但操作过程中，面临“防”与“救”的矛盾，洪涝灾害、安全生产事故、公共卫生服务、社会安全四类紧急事件的应急管理职责仍然分散在各个部委（局）。对于城市社区应急管理的预警信息性与前瞻性，提高响应速度和处理高效率，要利用大数据、物联网、人工智能、区块链等新技术，推动部门信息公布、信息共享、数据聚合，提高应急管理部门和相关职责部门间的应急处置和协作响应能力。

第三，当地政府、应急管理部门与下属政府部门间的协调。城市社区风险是零散的、重合组成的。这可能还需要区域间、领域间和单位之间风险应对的方法。比如，突发公共卫生事件、生态环境保护事件等都

是在一个地方扩散后导致风险性累加，必须提升各地方政府协调连动。要利用大数据等智能技术，探索以信息共享和信息公示为抓手，推动重大突发事件地区应对协调性、协作性、专业性。此外，充分利用社交媒体开放性、便捷性与互动性的特点，推动公众参与、培育社区社会资本①、提升社区治理透明度，激发社区共同感与归属感。② 在微信时代，政府与社区居民的在线直接接触将发挥更重要作用。③ 而挖掘与分析社区社交媒体产生的大数据可以有效化治理风险，更好实现社区善治目标。④

（二）提高技术保障，促进社区韧性建设的网络化

一是利用智能设备健全政府应急管理水平体制机制。成立国家应急管理联合会，融合应急管理和公共卫生服务与社会保障岗位职责，搭建权威性、高效率的应急管理指挥体系，充分运用应急管理单位综合性优势和有关部门技术专业优势。加强地方党委、政府职责，创建应急管理调查评估规章制度，健全地区政府应急管理激励容错纠错机制。提升基层政府和社区利用大数据应急管理的机制和体系建设，对于“岗位职责设计构成”难题，加强对底层应急管理财政、资产、人员及武器装备资金投入，运用新型智慧城市、智慧小区、智慧公安系统，重构基层政府和社区的应急管理职责。

二是充分发挥互联网公司在城市社区应急管理中的重要意义。政府把握了很多的城市运行数据信息，但这些信息基本上都是静态数据的数据存储结构。针对大量碎片化半结构化面试、非结构化数据信息，政府在研发层面无明显优势，必须与互联网企业协作。比如，对于突发公共

---

① Warren A. M，Sulaiman A，Jaafar NI. Social Media Effects on Fostering Online Civic Engagement and Building Citizen Trust and Trust in Institutions. Government Information Quarterly，2014，31（2）.

② Bingham-hall J，Law S. Connected or Informed?：Local Twitter Networkingina London Neighbourhood. Big Data&Society，2015，2（2）.

③ Xiong Yihan. Technology Transforms Politics：Internet ＋Government Services and the Transformation of the Grassroots Power Structure. Social Sciences in China，2019，40（4）.

④ 吴青熹：《社会化媒体与大数据视野下的城市社区治理》，《华东师范大学学报》（哲学社会科学版）2017 年第 6 期。

卫生事件应急管理，一家大型的互联网技术企业通过对公众交易、社交媒体、互联网媒体、付款、聊天等数据信息的分析，及时预测分析高危对象运动轨迹和发展趋向。

三是健全社会力量参与社区韧性建设的管理体制。原子化、个性化人民群众怎样在城市应急管理中进行自救、互帮互助、参与政府部门应急管理，面临新技术考验、规章制度阻碍和制度约束，大数据、移动互联、物联网、人工智能和区块链技术的应用，为社会力量参与社区韧性建设带来了技术保障。比如，在社区韧性建设中，应用了移动定位、智能终端等信息技术，每个人都可以清晰地了解自己的定位，根据智能终端接受政府部门、公司、社会团体的紧急通告与行为命令，提高社会力量在应急管理方面的自觉性。

四是把握住重要环节，打造出网格管理韧性建设品牌。信息化、智能化是创新网格化社会治理机制的最大特色亮点。一方面，要高度重视数据感知获得，应用高新科技，高效率精确连接住户信息和社区便民服务，完成数据共享、信息分享。另一方面，提升数据收集管理方法，将网格化管理信息用于搭建社区服务平台，运用数据信息提高数据信息意见反馈作用，给予网格工作人员服务保证。

（三）全过程数字治理，强化社区韧性建设的系统化

一是学习阶段，进一步明确社区安全韧性需求，促进“数字＋”韧性城市建设。运用数字化技术布设社区风险源和风险点的“神经元系统”，实现精准防控，形成“用数据说话、用数据决策、用数据管理、用数据创新”的治理机制。伴随着大数据技术、物联网技术、人工智能技术、区块链技术等数字治理手段，根据对突发事件实例、数据信息的动态变化、相关性分析、综合分析，完成潜在性突发事件的预测分析。利用大数据监测、大数据挖掘算法、可视化技术等，提升应急管理物资供应和人力资源匹配的精确性和灵活性。布局以“城市大脑”为重点的智能型基础设施，实现城市治理模式升级。构建全面实时感知、全程实时分析、全域实时处置的“城市大脑”与社区治理“一张网”，推动形成共建共治共享的新格局。

二是预测环节。通过大数据、互联网技术、物联网技术、人工智能技术、区块链技术的紧密结合，物联网完成了对城市运行安全风险无处不在的认知和智能回应，将城市运行数据传输至“城市大脑”，根据判断城市运行的关键指标、重要数据与整体趋势，完成对社区运行风险与重大突发事件的智能监测、预测预警。构建“城市-社区”的数字孪生模型，提供“数字防灾”方案。数字孪生的核心在于对全生命周期的实践和贯彻，通过模拟数字孪生城市社区在各种风险以及次生灾害下的情景，进而开展韧性评估、应急演练、决策论证等应用，提供合理的、量化的、多方位的技术支持。

三是吸收/抵抗环节，切实解决应急管理体系泛碎片化、信息防护、权利分离的窘境，利用大数据、物联网、人工智能、区块链等技术，与应急管理部门及相关职能部门、公司、社会团体、公众沟通交流、信息共享、数据整合，促进多元主体参加城市突发性应急处置。

四是恢复环节。依据城市应急管理数据和信息的相关性分析、统计分析和可视化管理，分析判断突发事件的重要原因和因素，针对性地开展修复重建；对于突发事件导致的不良影响和毁坏程度，利用大数据的解读、预测分析及管理，为公众给予精确的现行政策信息、心理指导、风险沟通。

五是适应/转换环节。数字化过程的主要作用是通过政府部门的组织机构和内部文化的变化以及公民对政府信息技术应用态度的转变实现的，真正技术上的变化相对较小。要注重经验总结，开展应急自救与网络安全讲座等形式的活动，提高人民群众的辨识能力、干预能力，预防并治理可能降低韧性的因素；通过应急部门紧密联系人民群众，推动高效、快捷、准确的信息报送，规划和细化应急科普的内容，以实时做好应急政策的权威解读，辅助预警响应措施的执行；通过强化媒体沟通协调，加强应急科普内容科学性把关，实现信息互联共享，推动建立应急科普宣教媒体绿色通道，积极回应和解读热点问题。

（四）全覆盖数字监管，强化社区治理数字化应急的法治化

一是完善应急管理相关法律法规。数据信息的安全性、保密性是推

进社区韧性建设的生命线。要提升智能化设备信息安全的统一规划和统一管理，制定数据安全技术标准和具体措施。在应急管理层面，提议完善应急管理大数据的探索、运用监管和法律，制定数据公开发布法律标准、规则和规定，促进政府部门数据、公司数据以及社会数据的群众共享。为了确保社区网络空间在法制轨道上正常运转，在传统和网络空间控制方面应当设定一个规范，尤其是在防范和处理社区分歧层面。要妥善处理互联网信息传递，正确对待社会舆论，推动各治理主体产生价值认同，共同探讨区域化社区治理和发展，形成韧性合力。①

二是健全数据安全和隐私的保护法律体系。健全应急管理部门、公安机关、卫生部门在应急状态下收集、应用、给予信息和数据的管理权限范畴、法定程序和法律依据；强化对数据设备产品与服务的使用者、运营人和管理者的监管，确立全部工作人员的安全性保密责任和惩戒措施。根据突发事件应对需要与法定程序向特定主体收集、使用的个人信息，坚持“数据脱敏、非必要不公开”原则，高度重视管理权限、等级分类审查和惩戒机制，保证数据信息安全和群众个人隐私，保障突发公共安全事件防控智能化的合法性、合规性和正当性。

三是坚持政府主导，大力开展信息安全主题教育，强化基层人员群众的数据信息安全。在数据收集和运用中，强化脱敏和非隐私化处理，维护公民个人的隐私。建立健全管理权限、等级分类考评、使用痕迹记录、数据共享情况通报日常安全教育、责任追查等岗位职责和规章制度，搭建数据安全工作闭环系统。提升数据网络资源收集、储存与应用安全评估，创建数据跨境电商流动性安全评估管理体系。持续打击网络犯罪，推进网络信息安全知识技能宣传普及。

---

① 张勤、宋青励：《韧性治理：新时代社区治理发展的新路径》，《理论探讨》2021 年第 5 期。

后 记

2023 年 5 月 14 日，中国行政体制改革研究会在京举办了第十一届中国行政改革论坛。论坛主题为“深入学习贯彻党的二十大精神 推进新时代新征程行政体制改革”。来自党中央、国务院有关部门负责同志，中央党校（国家行政学院）、地方党校（行政学院）、高等院校、科研机构、企事业单位专家学者，中国行政体制改革研究会的理事、会员及部分论文作者共 100 余人参加了论坛。论坛上，大家学习研讨了习近平新时代中国特色社会主义思想和党的二十大精神，深化了对新时代新征程行政体制改革对于推进和拓展中国式现代化重要意义、主要任务和基本思路的认识。

论坛筹备期间，我们围绕“十年来行政体制改革理论创新和实践创新”“党的二十大后行政体制改革展望”“数字时代的政府治理”等专题面向社会各界征文。为更好地发挥论坛的社会效益，我们将论坛嘉宾的 6 篇精彩演讲和 13 篇优秀论文汇编出版，以飨读者。

中国行政体制改革研究会研究部负责组织论坛的论文征集和优秀论文评选工作，评审专家和国家行政学院出版社为本书出版给予了大力支持，在此表示衷心感谢。本书如有不妥之处，敬请广大读者予以指正。

中国行政体制改革研究会

2023 年 9 月 24 日